OKR思维

谷歌、亚马逊、领英等企业的高绩效工作法

[日]天野胜 著

OKR Japan 监修 金磊 译

中国友谊出版公司

图书在版编目（CIP）数据

OKR思维 /(日) 天野胜著; 金磊译. —北京：中国友谊出版公司，2021.4

ISBN 978-7-5057-5172-9

Ⅰ. ①O… Ⅱ. ①天…②金… Ⅲ. ①企业管理—思维方法 Ⅳ. ①F272.3

中国版本图书馆CIP数据核字（2021）第043056号

著作权合同登记号 图字：01-2021-1117

书名	OKR思维
作者	［日］天野胜
译者	金磊
出版	中国友谊出版公司
发行	中国友谊出版公司
经销	新华书店
印刷	天津旭丰源印刷有限公司
规格	880 × 1230毫米 32开
	5.25印张 80千字
版次	2021年5月第1版
印次	2021年5月第1次印刷
书号	ISBN 978-7-5057-5172-9
定价	49.80元
地址	北京市朝阳区西坝河南里17号楼
邮编	100028
电话	（010）64678009

如发现图书质量问题，可联系调换。质量投诉电话：010-82069336

前 言

领导者的作用，就是要为团队指明目标

何谓 “领导者”？社会上对其有各种各样的定义。在本书中，对于“领导者”的定义如下：

有责任和义务领导一个3至6人规模的团队，使其发挥出最佳的工作效率并取得最大成果的人。

为何需要有能肩负起此种责任的人呢？

那是因为，当个体与个体只是单纯地集合到一起时，要想取得预期的成果，可是相当费力气的一件事。

大多数情况下，人们集合到一个团队中时，每个人发力的方向是不一样的。这样一来，即便每个人工作都很努力，总体上的成果依然出不来。

明明每个人能够完成各自的工作量，但是5个人一起工作时，却只能取得相当于4个人各自工作时的成果。而要想

得到5个人的成果，往往又需要7个人齐上阵——你是否遇到过这样的情况呢？

这种时候，只有明确地指出“目标是什么”，才能让整个团队成员朝着统一的方向前进。所以，领导者要发挥的最大作用，就是给团队指出这样的目标。

团队的领导也好，团队的成员也好，每个人的力量都是有限的。

只有发挥出集体的力量，才能完成个人所无法完成的工作——这便是“团队”的意义所在。

然而，仅仅给出明确的目标，还不足以让凑在一起的成员变成能做出成果的团队。人都有一种被称作“惰性”的特质。也就是说，当人们置身于一个相对安稳的环境时，就想要极力地去保持当下这种安稳的状态。

一般情况下，团队的成长都要经历“塔克曼模式（Tuckman model）”，即“形成期→震荡期→规范期→执行期→解散期”这样的过程。

【形成期】

成员被召集起来，组成团队。起初，大家都还没有适应，仍以各自之前的状态工作。上手了新的业务之

领导者的作用就是要为团队指明目标

目标不明确，团队成员就会各自朝着不同的方向发力。
无论各自多努力，也不会有大的成果。

有了明确的目标，团队成员更容易朝一个方向努力。
同目标模糊的情况相比，达到相同的成果时，
每个人所需付出的劳动都要小得多。

后，才逐渐做出成果。团队成员之间的交流还不多，仅限于表面上的交往。

【震荡期】

在一起工作的过程中，成员们渐渐地适应了新的工作，也适应了团队内部的交流。于是，就会在工作方式等问题上，出现成员意见不一致的情况。领导者需要花时间去解决矛盾和冲突，从而导致工作的效率下降。但正是这样的冲突打破了人们心中“想要沿用此前的状态工作”的惰性思维，从而催生出新的工作方式。

【规范期】

为了推广新的工作方式，而制定相应的规则。大家一边遵循规则工作，一边又逐步完善该规则。整个工作的推进变得非常顺畅。

【执行期】

随着工作进展得越来越顺利，整个团队的前进方向也变得更明确，团队成员都能够自觉地行动起来。团队能够做出更大的成果。

【解散期】

终有一天，团队会解散。

像这样，要想让一个团队良好地运转起来，无论如何都是需要投入时间的。

如何缩短这个时间，迅速地打造出团队，这也是对领导者所提出的要求。

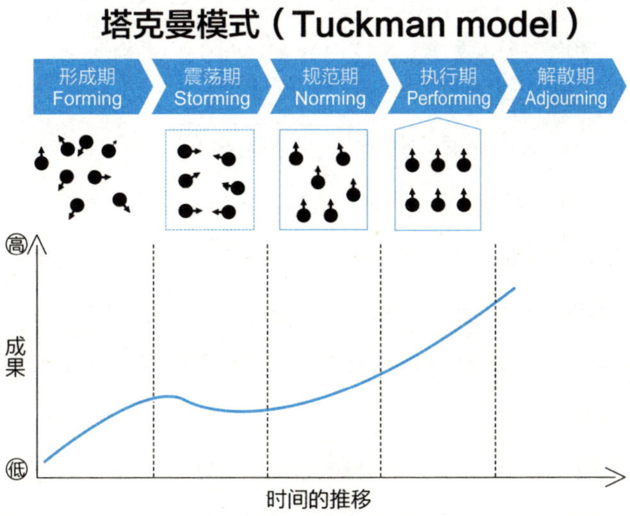

领导者必须能根据团队的实际状态，改变自己的领导模式。

06

4种领导模式

本书中介绍的几种“领导模式”，出自保罗·赫塞（Paul Hersey）和肯·布兰查德（Ken Blanchard）于1977年提出的“情境领导（Situation Leadership，简称SL）理论”。

根据这一理论，“领导模式”将会从S1的指示型，到S2的教练型，再到S3的支持型，最终变成S4的授权型。

如图所示（见下一页），横轴的“指示性的行为”指的是：针对做什么（What），用什么方法做（How），在哪里做（Where），什么时候做（When）等业务相关的问题给出非常详细的指示。而纵轴的“支援性的行为”指的是：经常和部下进行交流，并根据需要给予部下相应的鼓励和帮助。

S1的“指示型”领导模式中，领导者就业务给出具体的指示，并进行细致的监督。最后的决定都由领导者来做。因此，领导者和部下之间的交流较少。

领导者的 4 种领导模式（基于 SL 理论）

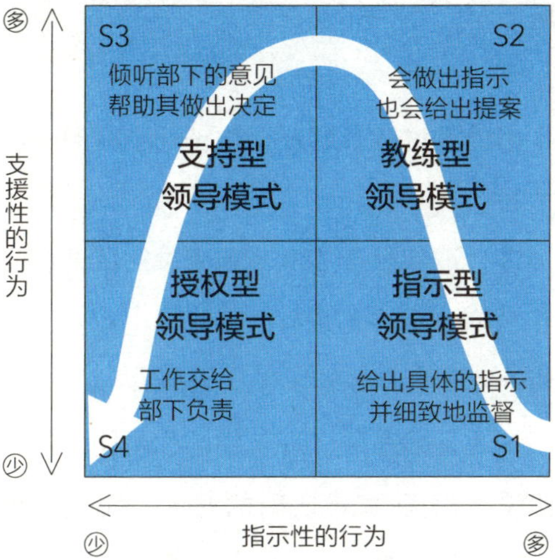

S2的“教练型”领导模式中，领导者依然会继续给出一些指示和命令，但会通过“询问”等方式与部下进行交流，让部下也提出自己的方案，就像教练所做的那样。

S3的“支持型”领导模式中，领导者会在部下的身后支援，认真倾听部下的建议，给予赞赏或给出意见，帮助团队做出最终的决定。

S4的“授权型”领导模式中，部下完全能够自觉地行动。因此，领导者会将工作全权交由部下负责。

得不到回报的领导者

那么，本书的各位读者朋友，你正处于S1到S4的哪一种领导模式中呢？

身为领导者，谁都想英姿飒爽地率领团队的成员发挥出最佳的工作效率。也许，也有人会憧憬电视、杂志或者网络上所介绍的那些世界级领导者。

但是，现实总是残酷的。现实中的你可能无论怎么努力，也无法填补与团队成员之间的鸿沟。而且，越是努力，与团队成员之间的鸿沟反而会变得越深。

明明作为领导者已经很努力了，但就是得不到相应的回报。

造成此种状况的根源，也许就是身为领导者的你自认为“正确的行动”。

在这里，介绍几个“领导者非常努力，却得不到回报”的案例。如果能在以下的案例中看到自己的影子，那就说明身为领导者的你“努力的方式”出问题了。

【案例A】附属化，只做力所能及的工作，说话不强硬

团队成员净是比身为领导者的你年长的员工，而且他们待人特别周到。尽管比他们年轻，他们还能够与你特别亲切地相处。因为是业务上的老手，所以他们一直能以熟练的状态完成工作。但是，当你交给他一件全新的工作时，往往会遭其拒绝——“这种工作我从来没做过，失败了的话会给大家添麻烦的”。因为其年长，所以你也不好再三劝说。因为不想浪费时间和精力去说服对方，你不得不承受精神上的痛苦。没办法，最后你只能自己承担那份工作。这种状况如果持续下去，不知不觉间就会演变成明明你是领导者，却要自己一个人留下来加班……上司看到你经常加班，又会表扬你“总是这么努力工作”。于是，你便会更加努力——这就是还没有达到S1的状态。

【案例B】我，我

上司让你和你的团队出一份新业务的企划案，于是，

你和团队成员们开始一起思考具体的内容。团队里的成员非常积极地应对这次的企划工作。于是，你决定让大家各抒己见，一起出谋划策。本以为当大家都想着“一定不能输给其他人”时，就会干劲十足地准备材料。交流会上，作为领导者的你为了给大家做个示范，率先进行了发言。结果，即使你自己也认为其他成员的方案更优秀，团队的成员们最终还是一致推选了你的方案。之后，在具体推进该方案的过程中，你就会感受到一种奇怪的氛围——虽然成员们嘴上不说，但他们都觉得“这是领导的方案，所以就让他自己一个人去推进好了”——这便是S2的状态。

【案例C】本末倒置，毁掉了成长之苗

IT技术的发展日新月异，让人很难跟得上变化。但是，作为数字时代原住民的年轻人，却能够熟练地使用各种信息处理设备，不断完成各种工作。他们不用纸质的记事本，而是在智能手机上记笔记、管理日程。针对商品的展示页面，只要告知他们宣传语，设定好网页的设计草图，仅需一天的工夫，他们就能将页面制作完成。有些

领导者认为像这样的工作，可以都交给年轻人去做。而且，为了让年轻人能够更加集中精力，一些被他们认为是“杂务”的工作，往往都由领导者去亲自完成。像这样，领导者的精力都放在了具体的事务性工作上——这便是S1的状态。

【案例D】给出太多的详细指示，过于依赖奖励刺激机制

业务进展得很顺利，组建起了新的团队，你成为新团队的领导者。由于在公司内部没有召集到成员，所以团队的大部分成员都是新招聘来的员工。你迫切想要做出比其他团队更好的成果。但由于对业务还不熟悉的成员占了大多数，你特意去手把手地教他们。与此同时，为了激发大家的干劲，每3个月会对大家进行一次业绩考核，届时会给获得第一名的人一笔奖金——这同样属于S1的状态。这种领导者很可能会被团队成员贴上“喜欢耍酷”的标签。

纵观上述案例，领导者的领导模式大都止步于S1的“指示型”或S2的“教练型”阶段。将来团队无法获得

传统的领导关系和仆人式的领导关系

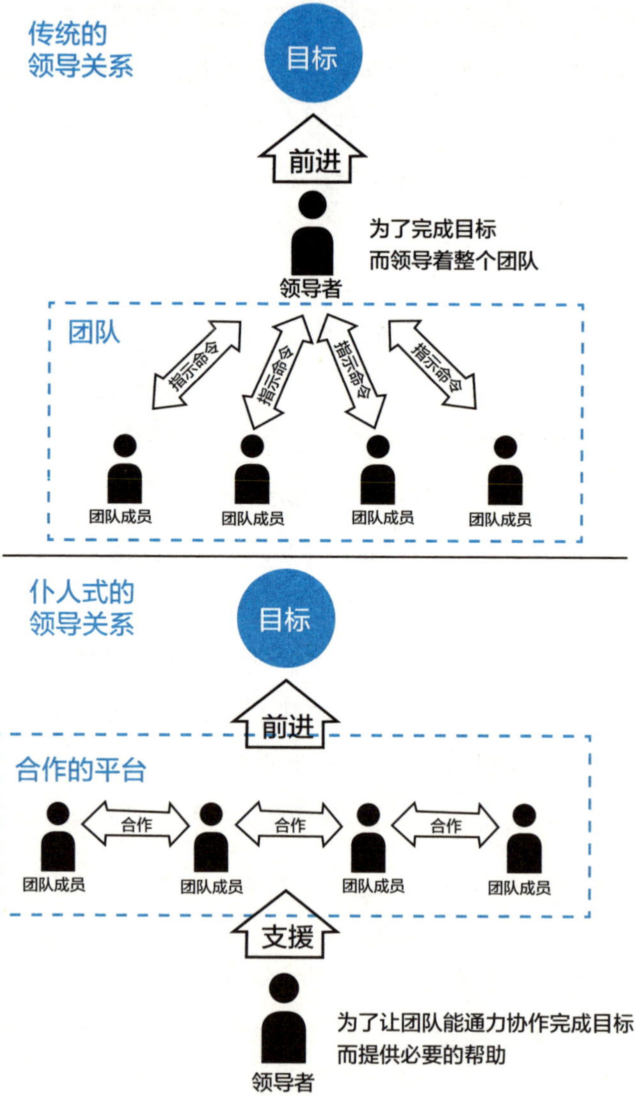

成长。

首先，他们需要转型成S3的“支持型”领导模式。支持型的领导模式，换言之就是“仆人式”的领导。仆人（servant）是“用人”“家臣”的意思。所以，“仆人式”的领导服务于整个团队，以让团队达到既定的目标。

而最终的目标，则是要实现S4的“授权型”领导模式，为此该怎样做呢？能给我们带来启示的，就是OKR（Objective and Key Result）工作法。

运用OKR工作法来解决问题吧

可能有很多人对于将决定权交给团队成员的“授权型”领导者感到不放心。但另一方面，也有不少人认为理想的领导者就应该是如此。

要想将队伍打造成这样的团队，把握住以下两个要点非常重要。

第一，要制定一个团队成员都能够认同的目标。第二，为了让团队达到目标，需要在执行的过程中不断地对目标进行优化和完善。

这些说起来都是理所当然的事情，但真正要实践起来却很难，解决这一问题所使用的方法，就是OKR工作法。

本书将向大家介绍如何利用OKR工作法来提升整个团队的业绩。

第一章，将介绍OKR工作法的基础知识。包括它产生成果的原理，人们对它的常见错误认识，它的优势等。大家可以通过本章内容对OKR工作法有个整体的了解。

第二章，将介绍具体的设定OKR的方法（OKR工作法入门）。仅仅停留在“纸上谈兵”是没有意义的。因此，请务必参考本章的内容，尝试去设定一下自己团队的OKR。

第三章，将结合具体的技巧，介绍在团队中运用OKR的方法。即便设定好了OKR，若不能正确地运用，也同样会没有效果。所以，请努力去实践本章的内容吧。

第四章，进一步深入介绍如何在组织架构内运用OKR工作法。也就是把OKR工作法从团队推广到全部门甚至全公司的方法。

请借助本书中的内容，发挥自己作为领导者的作用，引领团队达到目标吧！

OKR Japan首席推广员　天野 胜

目 录

1 OKR的基础知识

2 OKR工作法入门

4 在组织中运用OKR

1

OKR 的基础知识

01 目标为何很重要

设定目标能让团队成员的成果最大化

既然是一个团队，就有作为团队所应做出的成果，或者说是需要完成的任务。若只是单纯地把人集中到一起，仅能称为“集体（群组）”而已。

作为领导者，有责任让团队做出预期的成果。正如本书前言中所说的那样，领导者在率领团队的过程中，至少要做到以下这两点：

· 制定一个团队成员都能够认同的目标。

· 为了让团队达到目标，需要在执行的过程中不断地对目标进行优化和完善。

然而，即使领导者事无巨细地给出指示和命令，团队成员也未必能按预期的那样执行。

正在阅读本书的各位领导者，当你的上司事无巨细地指示你时，你肯定也会在心里想“那种事情你不说我也知道”“放手让我去做的话，能出更好的成果”吧。

如果团队成员们都朝着各自不同的方向发力，尽管每个人都很努力，可当把大家的成果合到一起时，仍然不能得出令人满意的结果。

这个时候，要想让团队成员的成果最大化，就需要设定一个目标。

但是，这个目标如果是上级直接设定，那么团队成员不会有多大的干劲。

要想让团队成员对目标抱有“主人翁”的意识，最好的办法就是让其参与到目标的设定过程中。

就好比，在组团旅游的时候，如果其中哪怕有一个项目能够由自己选择，那么这次旅游也会变得非常令人期待。

目标并不会完全如计划般达到

然而，即使是短期旅行，也会遭遇“计划赶不上变化”的状况。到达目的地一看，可能还会出现目的地与事先想象的不一样的情况。

更何况在职场上，基本上不会有只需完全按照制订的计划一步一步走，就能最终达到目标的情况。

特别是，完成目标的时间拖得越长，就越无法预计今后的状况。我们应该一边工作，一边反思自己的行动，并适当做出调整。否则的话，就很难达到目标。

而且，在进行调整时，也需要成员之间统一步调。若不然，会事倍功半。

02 何谓OKR

OKR就是“目标”与“关键成果”

首先，我想就“OKR”做一个简单的说明。

“OKR”一词源于“目标（Objective）”和“关键成果（Key Result）”的首字母缩写，是帮助组织、团队或个人达到理想状态的重要工具。

“目标”指的是“应该实现这个”的内容。它告诉人们应该朝哪个方向前进。很多时候，可以用文字将其描述出来，并且几乎都是“定性”的内容。

有一些书中，也会将Objective译作“目的”，而本书中则将其翻译为“目标”。

“关键成果”指的是“能够从侧面反映目标已完成何

种程度的指标”。

例如，如果在团队的日常管理中运用了OKR工作法，则可以将该团队理想的状态用明确的文字描述出来（“目标”），然后设定三至五项“关键成果”，以帮助我们评估目前团队对于该目标的实际完成状况。

由于是用于评估，因此“关键成果”必须得是能“定量”的内容。我们通过分析“关键成果”的状态变化，来确认团队是否正朝着“目标”的方向前进。

对于“OKR到底为何物”这一问题，建议大家从以下两个侧面来加以理解。

狭义的定义：OKR是“引领团队行动方向的目标”；

广义的定义：OKR也可以指“运用OKR思维的管理方法”。

OKR的四大原则

OKR的四大原则可以概括为以下几个关键词：“聚焦”“协同”“跟踪”“延展”。

“聚焦”就是指选出最重要的事情，然后将所有的资

“聚焦”与“协同”

“聚焦”

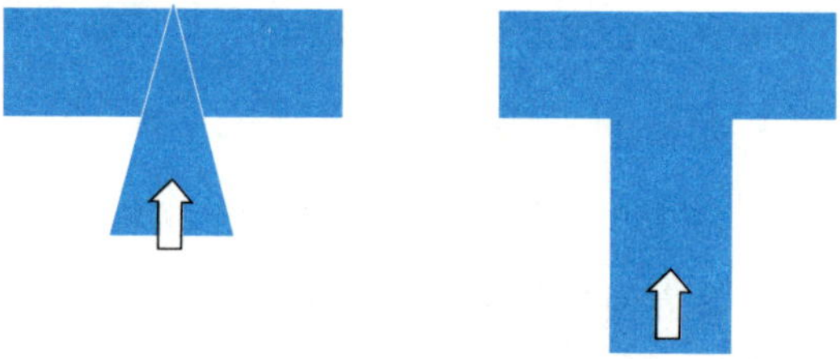

将力量集中于前端，就可穿透墙壁

而力量如果分散的话，即便是相同的力道也无法向前推进

“协同”

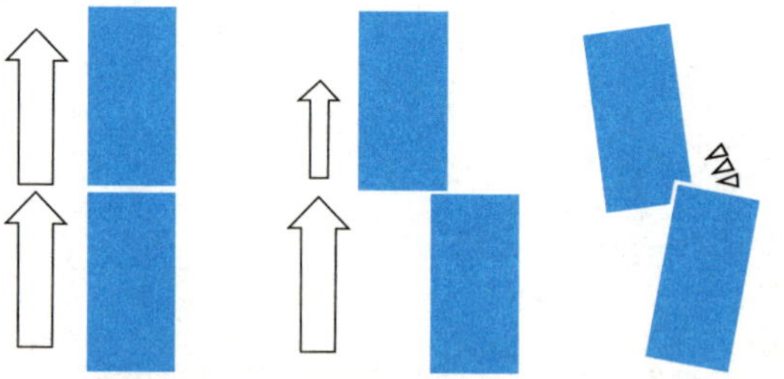

将各个要素整合到一起，就能让全部的力道依次传递下去

如果没有整合的话，力道就无法传递

最坏的情况，还会造成损害

源都集中投入其上。如果我们同时进行多项工作，就会导致力量被分散，最终陷入哪一项都没做好的境地。要防止出现这种情况，关键就在于我们要从中选择最为重要的事情，然后对其投入全部的精力。

“协同”就是指对多个要素进行整合。如果不进行整合，各要素之间就会发生干扰。通过加深对各个要素的理解，能够增强相互间的整合性。

“跟踪”就是指对实际的、具体的状态进行跟踪了解。如果我们只关注最初与最后的状态，难免会搞不清楚该往哪个方向走，这将大大影响我们的工作。因此，了解中间（中途）的状态，能让我们及时地避开障碍，更接近目标。

“延展”就是指基于现状发起的更高难度挑战。永远维持现状，就会跟不上状态的变化。要想打破现状，就必须引入新生事物。若要避免在此阶段可能出现的风险，还需要设置相应的“安全网”。

本书后面的内容，将会向大家介绍OKR的具体设定方法、运用方法。但首先，还是请大家把上述这四种思维方式，当作OKR的四大原则牢牢记住。

“跟踪”和“延展”

“跟踪”

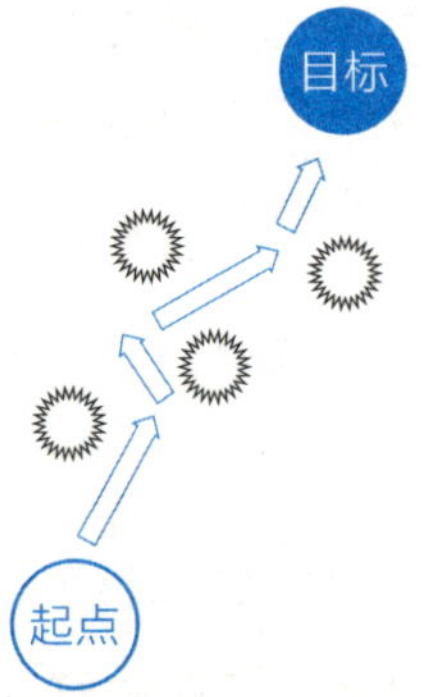

了解途中发生的状况，
改变方向，躲避障碍继续前进

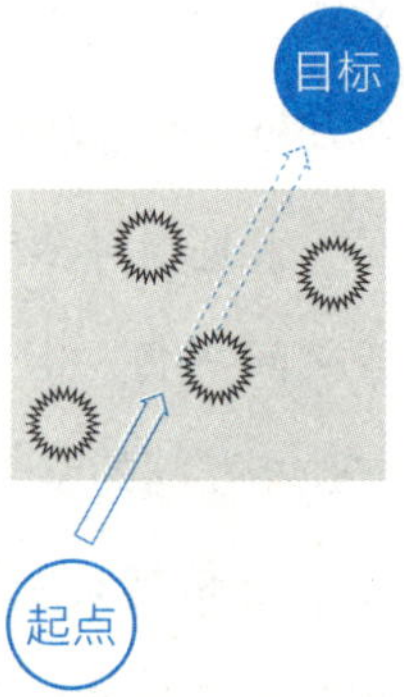

如果不了解途中发生的状况，
就无法躲避障碍，
只能裹足不前

“延展”

有了“安全网”，
才有勇气挑战更高难度

没有设置“安全网”，
就会表现得畏首畏尾

03 OKR工作法能带来成果的原理

OKR是一种进攻型的目标管理法

OKR本质上是一种目标管理法。

说起目标管理的方法，笔者此前曾尝试过MBO、SMART、KPI等多种方法，也都取得了一定的成果。

那么，为何现在会如此推崇OKR呢?

当然是因为它能带来非常好的成果。虽然，我不敢断言“运用OKR工作法就一定能带来成果”，但很多做出了成果的企业都在运用OKR法，这确实是不争的事实。因此，OKR才有了同这些企业的知名度相当的关注度。

其中最有名的案例，当数谷歌（Google）公司了。而在日本国内，Mercari（译者注：日本的二手物品网络交易平台）公司也引入了这一管理方法。

目标管理法大体上可以分为“进攻型目标管理”与“防守型目标管理”。

“进攻型目标管理”就是指要充分发挥创造性，产生新的东西。

“防守型目标管理”顾名思义主要是防止失去现有的东西。

而以往的目标管理法，大多属于后者的范畴。

OKR法则属于前者，即“进攻型目标管理”，其主要用于需要发挥创造性，产生新东西的工作场景。

可以将某些成果设定为“关键成果”，或者设定好用来评估成果水平的指标，还可以设定能够用于判断“是否做出了成果”的目标值。

那么，这里的“目标值”，大家又该如何设定呢？

此前的目标管理法，大多推荐采用设定“直接目标”的方式。所谓“直接目标”就是指比现状更高的目标，或者是期望团队能获得成长的目标。

OKR虽然也是一种目标导向型的思维方式，但其特点是在设定“关键成果”的目标值时，会设定一个“颇具野心（Ambitious）”的内容。

到底是多大的野心呢？可以说，就是主观感觉上实现概率在60%至70%的程度。

针对一个“目标”，可以设定3至5个“关键成果”。

实现概率并非100%，而是设定一个“颇具野心”的目标值——这样做的好处，大致有以下4点：

①一旦达到，就会取得极大的成果

②允许出现失败

③更容易催生新的想法

④团队成员间较难出现对立情绪

一旦达到，就会取得极大的成果

由于原本就是很难达到的目标值，因此一旦达到，就会取得极大的成果。

而如果是那些非常容易达到的目标值，就会让团队成员感觉“达到目标是理所当然的事情”，从而很难在过程中做出超预期的贡献。

允许出现失败

假如，身处一个“不允许失败”的环境，很多人就会偏向于设定一个“绝对能够达到的目标值”吧。平时可能会故意隐藏自己的实力，以60%左右的效率去工作。同时，设定一个仅需80%的效率就能达到的目标值。这样一来，也就不可能期待整个团队获得成长。

而运用OKR工作法，即便最终的目标未能达到，因为其原本就是比较困难的事情，员工不会遭受什么责罚。

允许“进行挑战”，就意味着在挑战失败的时候，不会遭到斥责，也不会被惩罚。如果没有伴随着失败而来的痛苦，那么人们就会愿意去进行挑战。

几乎所有涉及“创意”的工作，都不会按计划顺利推进。必须允许很多次的试错。

正因为如此，营造一个可以反复试错的环境，即允许出现失败的环境，是很有必要的。

更容易催生新想法

要想达到“颇具野心”的目标值，必然需要做一些不同于以往的事情。

如果只看到那种近在眼前的目标，无论你怎样做都会被此前的旧习惯所束缚，感觉每一次都只是在消除眼前的障碍而已。

但是，如果目标设定得很远，就不会再遇到这样的障碍，或者能将障碍转变为积极的影响——团队中更容易催生“让组织自身进行改革的新想法”。

团队成员间较难出现对立情绪

一个“颇具野心”的目标值，更容易让团队的成员之间实现通力协作。

即便隶属于同一个团队，成员们各自所持的意见也是不一样的，即所谓的“总论赞成、各论反对”的状况。成员们的意见会发生碰撞。

共同的目标越是有野心，越容易达成一致

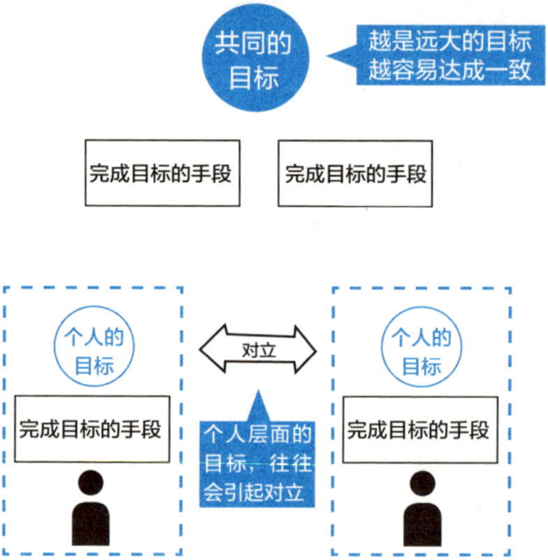

虽然说，“意见发生碰撞”这件事本身，也是互相了解彼此想法的重要过程。但是，过度地碰撞和消耗也是不好的。

如果大家抱有同一个目标，就能消除彼此间的对立情绪，还能催生更多的达到目标的手段。

像这样，从组织结构层面来消除对立的方法，笔者此前也曾设计过。而在TOC（制约理论）中，也提到过“对立消除图”。在不知不觉间，将制约化作一种常识，会更容易催生新的想法。

以“对立消除图”为例，我们一起来思考“设定/不设定颇具野心的目标”这个话题。

下图中，在行为（手段）层面“D：设定颇具野心的目标”与“D'：不设定颇具野心的目标”是完全对立的。但是，从双方的立场来看，其共同的上级目标就是“A：取得更大的成果”，在这一点上二者是一致的。

对立消除图的示例

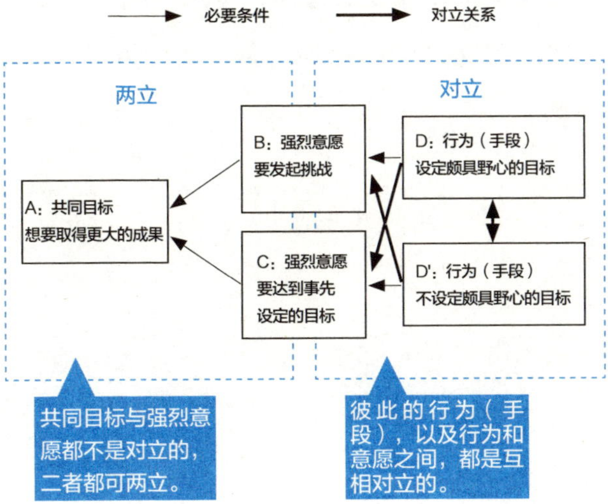

接下来，我们再来明确D或D'在面对共同的目标A时，都会产生什么样的强烈意愿。“B：要发起挑战”与“C：达到事先设定的目标”——乍一看，好像又是互相对立的感觉吧。但是，从共同目标（“A：取得更大的成果”）的角度来看的话，这种对立也是一件好事。

像这样，大家有了共同的目标（也就是这里的“A：取得更大的成果”）之后，就能各自找到新的发力点。由此看来，共同的目标越是“野心勃勃”，就越容易让所有人达成一致。

作为现场工作改良方法而广受推崇的“丰田工作法”，实际上也推荐大家设定2倍甚至10倍预期的超高目标值呢。

04 对于OKR工作法的误解

OKR工作法，人们感觉它很容易理解，但实际上很多时候会对它产生误解。

这里就结合一些错误的理解，来加深大家对OKR工作法的认识。

只能用于创业阶段吗

在介绍OKR工作法时，往往都会举谷歌（Google）、脸书（Facebook）、Mercari等比较年轻的企业的案例。因此，可能会让人误以为这一方法只适用于初创的阶段，从而产生这一方法“并不适用于本公司”的错误印象。

事实上，企业在初创阶段确实更容易引入OKR工作法。由于有着丰富的成功案例，因此能让赞成引入这一方法的一派在讨论“是否引入”的会议上更占优势。

不过，即便是在一般的企业，OKR工作法也同样适用。

传统的企业大多已经引入了MBO或者KPI等目标管理体系，而这些内容同样可以与OKR工作法进行组合使用。

只适用于企业层面的方法

OKR工作法非常简单，所以既可以用于个人的目标管理，也可以用于团队或部门的目标管理。

可以在整个企业层面引入OKR工作法，也可以分别在企业、部门、团队、个人等不同的层级中运用OKR工作法。事实上，只要彼此间能互相配合，就能取得非常大的成果。

可以用于评价个人的业绩吗

作为达到目标后的回报，而将“获得奖励”设定为个人OKR目标，实际上也是一种代表性的错误做法。

OKR主要是提出更高的目标，然后为了达到该目标而制订一系列计划，应该将其与“业绩的评估”分开。

可以用于职能部门设定指标吗

OKR工作法之所以能成功运转，是因为其调动了每一个人的工作积极性。

可以由“经营企划室”这样的职能部门，在企业层面推进OKR工作法的引入工作。但是，职能部门切不可替其他部门或团队设定具体的指标。强制性的计划，只会打击员工的积极性。

“指标的设定交由个别部门或团队自己去做的话，会不会最后只设定了一个很容易达到的目标呢？”——也许你会有这样的不安。但是，请你好好回忆一下。在OKR工作法中，“设定颇具野心的目标”是一条原则性的内容。因此，大可不必抱有不安的情绪。

不过话虽然这么说，如果能在全公司范围内给出一个“OKR目标设定”的指导性意见，也的确会让事情变得更容易一些。但是，切不可将其直接当作各部门或团队的“关键成果”。

领导者设定的指标，团队成员必须遵守

运用OKR工作法，并不是为了让所有的团队成员只能按照领导者的意图工作。

“指标”是在领导者和团队成员都认可的前提下设定的。

以团队为单位设定好指标，然后利用该指标，提升整个团队的工作业绩（成果）——这才是OKR工作法的真正用途。

05 OKR工作法的优势

怎么样，你是否已经对OKR工作法有了一个大概的印象呢？接下来，我再根据前面所说的内容，总结出OKR工作法的几大优势。

能够取得更大的成果

设定一个“颇具野心”的目标——其可能成功，也可能不成功——如果能够达到，就意味着能够取得更大的成果。即便最终未能实现，能实现80%的话，也已经是非常了不起的成果了呢。

唤起团队成员的“主人翁”意识

以往那种详细到业务层面的工作安排，会使人陷入“不得不去完成”的状态。很多人都会有一种“被迫去做”的感觉。

而运用OKR工作法，在设定目标的阶段就有全员参与，利用该方法能更好地推进工作。因为是成员们自己做出的决定，所以自然会主动积极地去执行，这样能够唤起他们在工作上的“主人翁”意识。

如果总是做重复性的工作，肯定是无法达到“颇具野心的目标”的。所以，必须下各种各样的功夫。在整个团队反复琢磨、奋斗的过程中，团队成员的自我贡献感也将随之提升。

更愿意发起挑战

设定一个“颇具野心”的目标，这件事情本身就是一种“挑战”。换句话说，引入OKR工作法，这件事情本身就可被视为一种“挑战”。

在一个“不允许失败”的环境中，仅靠一句“去挑战吧！”是远远不够的，没有人愿意那样做。

看得见的进步

将一些可以定量的内容设定为“关键成果”。通过测定“关键成果”的最新状态，我们可以客观地了解整个工作进展到了何种程度。

更容易与其他部门或团队协作

如果其他部门或团队也运用了OKR工作法，那么无论我们做什么样的工作，都更容易获得来自这些部门或团队的理解和认同。当我们了解了对方以后，就能明确利害关系，并清楚地知道能否获得协助，以及获得怎样的协助等。

正确运用OKR工作法，就能让你拥有上述这些优势。但关键的前提是“正确运用”。接下来的章节，就将介绍OKR 的设定和实际运用的方法。

2

OKR 工作法入门

01 对“设定目标”环节的确认

OKR工作法的运用，可以分为两大环节

其一，“设定目标”的环节。通过OKR工作法，团队成员自己设定一个“激动人心”的目标。

其二，“达到目标”的环节。所有成员通力协作，朝着自己所设定的“激动人心的目标”前进，让整个团队拧成一股绳。

在本章中，主要介绍的是入门级的内容，也就是通过OKR来“设定目标”的环节。

“设定目标（设定OKR）”的步骤又可以分为：划分团队→设定团队的使命→设定里程碑（每3个月的小目标）→绘制模型→瞄准的目标（针对“目标”所需取得的

“关键成果”）。

在运用OKR工作法时，大家针对某一个“目标”只设定3至5个“关键成果”即可。因此，这也可以被称为“设定目标与关键成果”的环节。

“设定目标”的环节流程

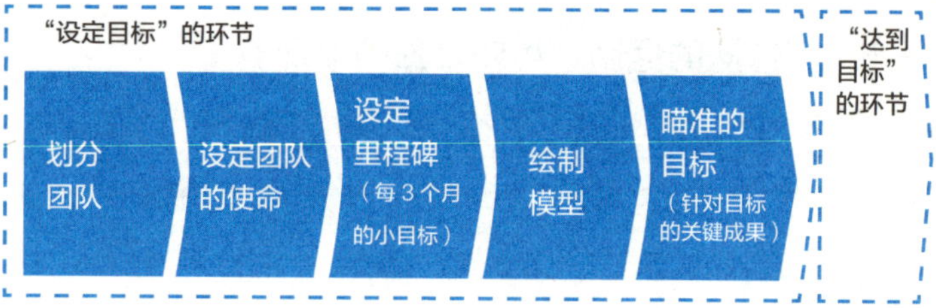

02 划分团队

首先，我们要以“团队”为对象进行一番思考。若所有人都是该团队的专属成员，这一步做起来就会相对容易些。但如果是为了完成某个特殊任务而新组建的团队，那么，“划分团队”可能就没那么简单了。

不过，很多的团队都是在经历了各种各样的“历练”之后，才达到现有的状态的。也许，成员中就有一些人精通多项业务。理想的状态是，团队中的所有人都能在同一个OKR体系下设定目标。但是，由于各项业务的具体内容千差万别，因此，同一套OKR体系未必完全适用。

在最初引入OKR工作法的时候，就应该有目的地去划分团队，为之后“设定团队的使命”做好准备。等整个团队能运转正常以后，再适当增加人员，扩充团队。

下图中所展示的就是“由6个人来承担4项业务”的例子。需要说明的是，线条的粗细代表了其投入业务的专注程度，线条越粗就表示其专注度越高。

划分团队

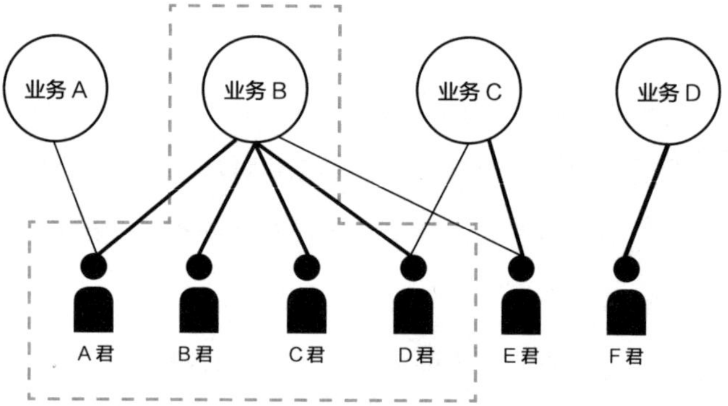

选择一项重点业务，然后在与之关系密切的成员之间运用 OKR 工作法

可以看到，业务B所关联的人员最多。因此，可将此业务作为重点，然后在成员间引入OKR工作法。接下来，就可以进入下一个“设定团队使命”的环节。

B君和C君不用兼顾其他的业务，所以他们俩可算作团队的专属成员。

A君和D君虽然要兼顾其他的业务，但是他们对业务B的专注度很高，因此并不会出现问题。

E君虽然也参与了业务B，但是在其他业务中的专注度更高，所以首先要将其从“团队成员”的范畴中排除。

F君由于与业务B毫无关联，自然无须考虑将其纳入“团队成员”。

至此，我们已经划分好了团队，确定了OKR工作法所适用的成员。

03 设定团队的使命

使命应由全体团队成员来设定

在划分好适用OKR工作法的成员之后，就可以设定团队的使命了。

虽然，也有那种领导者将自己拍脑门想出的内容“自上而下”直接传达给团队成员的方式，但老实说，这样的做法并不值得推荐。

团队成员各自对使命内容的理解存在或多或少的差异，这是很正常的一件事。尤其是已经组建了很长时间的团队，其当初所设定的团队使命已经变得模糊不清了，抑或成员个人对使命的认识存在较大的差异。

当大家的认识不能统一时，就要避免之前所提到的

“自上而下”的做法。应该花一些时间，让大家一起来思考团队的使命。

不过，如果是一开始就有了明确的使命内容，然后在该使命的感召下，成员自觉地到团队里来——像这种情况就不限于采用上述方法了。因此，在最初的阶段就明确团队的使命，也是一种可行的做法。

设定团队使命的方法

在设定团队使命的时候，首先要思考**整个团队具备哪些可以对外部产生影响的优势，以及当团队不能正常运转时，会对外部产生什么样的负面影响。**要将这些内容都以文字的形式表述出来。

比如，一个负责守护公司内部信息安全的团队，其追求的就是无任何的信息安全事故。因此，当没有事故发生时，我们就可以认为这支队伍工作得很好。但是，由于其平时过于低调，很少能获得被评价的机会，因此就会导致团队成员失去工作的劲头。一旦守护安全的团队不能够很好地运转，安全事故就可能会频发。而为了应对所发生的事故，企业内部的很多业务会被迫中断，让企业遭受损失。

如果你感觉很难将团队的使命文字化，就可以像这样，从“团队对外部的影响”的角度来进行思考。

这里再介绍一个“设定团队使命”的方法，即“用便笺搜集意见，然后再把这些意见形成文字”的方法。

①在便笺上思考“我们服务的对象”

→每个人可以写很多张便笺。“服务对象”指的是会为团队的工作成果感到高兴或者不高兴的人。如果是负责安全的团队，那么其“对象”就是公司内部的所有员工，甚至连顾客也会包含在内吧；如果是负责销售的团队，那么其“对象”就是前来购买产品的顾客。

②将每个人所写的“我们服务的对象”内容贴出来

→如果是相同的内容，也可以覆盖粘贴。

③对“我们服务的对象”进行筛选

→如果仅有2个选项，那么根据大多数人的意见做选择即可；如果选项超过了3个，则可以采用一人2票或3票的“复数投票”方式，来进行投票选择；如果答案不仅限于某一个场合（存在多个服务对象的情况），就不必勉强进行筛选了。

④基于第②步选出的“对象”，在便笺上写下“他们期望我们做什么”

→如果可以同服务的对象见面，最好是能开诚布公地直接询问对方这个问题；如果不能，就需要依据以往的经验来进行想象。

⑤按照与第②③步相同的步骤，将“他们期望我们做什么”的内容总结到3项以内

⑥基于“达到对方所期望的状态”的立场，在便笺上写下“我们能提供什么服务”

⑦按照与第②③步相同的步骤，将“我们能提供什么服务”的内容总结到3项以内

⑧至此，将所得出的所有“关键词”串联起来，形成下面这样的文字：

“我们是负责信息安全的团队，我们要彻底排除公司内的信息安全隐患，让公司内的IT使用者不必太留意安全问题，可以安心高效地完成业务。”

“我们是负责信息安全的团队，我们要增加公司内IT

使用者的相关知识，防患于未然。”

“我们是负责销售的团队，针对顾客所遇到的问题，我们要结合本公司的产品，在最短的时间内给出解决方案。”

04 设定里程碑（每3个月的小目标）

确认“里程碑”的类型

“里程碑”大致可分为两类。

其一，创造出新的事物或干出新的事情，也就是偏重于创造性的一类。

其二，维持现状，然后一点点地加以改善，朝着更好的状态发展的一类。

开辟新的业务或者研发新产品就属于前者。

维护公司内部的IT信息安全就属于后者。

在销售相关的领域，提案型销售属于前者，而巡回促销式销售就属于后者。

依据团队使命的不同，对于“里程碑”的思考方式也是不同的。

当团队使命是偏“创造性”的类型，可以想象为：现状为“0”，然后要从中诞生出“1”来，抑或要用1年的时间把“1”变成“100”。

另一方面，当团队使命是偏“维持现状”或“仅仅改善”的类型，可以将现状比作“100”，并且要一直维持“100”的现状不变。抑或要用1年的时间将“100”提升至“120”。从数字的角度来看，并没有发生巨变。但是，我们什么也不做的话，状况是会恶化的，可能1年后这个数字就从“100”变成“50”了。

1年的时间，放到现在的商业领域来看还是“太久”了，我们最好按“3个月”或“1个月”这样的短区间来进行划分。

以“3个月”为单位的话，3个月后会变成什么状态呢？——可以用定性的语言来进行描述，将其设定为团队的“目标”。

“O”应该是激动人心的内容

对于学习英语的人来说，很多人会把“托业（TOEIC）得到600分”当作自己的目标吧。不过，仅仅是一个数字的话，并不会令人产生多少感觉。

与之相比，“能够去国外出差，同当地的客户进行商谈”“海外旅行购物时可以跟卖家讨价还价”——想象着自己将来能成为这样的人，是不是更能激发你学习上的干劲呢？

OKR也是同样的道理。我们要将能激发干劲的内容设定为“目标（Objective）”。

这里要再啰唆两句，设定“目标”时的另一个要点，是要“颇具野心”。也就是说，在制订计划的时间期限内，实现的概率只有60%至70%。

此环节也许还要参考竞争对手公司的相关信息。“由于竞争对手是○○，所以我们决定用□□”——这种时候，可以像这样来有意识地同其他公司做区分。但是，其内容却未必是“激动人心”的。相反，如果把目标设定为“成为业界第一”，是不是就令人兴奋起来了呢？

05 绘制模型

将OKR中的“O”决定好了之后，接下来，就要设定在朝着该“目标”进军时，用作目标参考值的“关键成果（Key Result）”了。

就像第一章中所说的那样，“关键成果”可以用数值来进行表示。

为了取得更大的成果，我们采取了怎样的行动？这些行动又带来了怎样的影响？——如果我们能清楚地掌握这些情况，就能马上跳至“设定关键成果”的环节。

但是，如果目前还达不到上述状态，推荐大家先从“绘制分析模型”入手。

特别是，当你要开展某项新的事业，对所涉及领域的知识的了解非常匮乏的时候，我们就要综合团队成员的意

因果循环图的示例

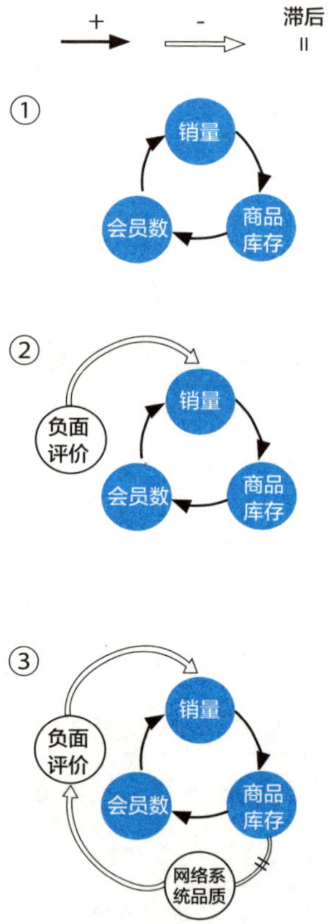

见，提出相应的假设。

在这里，我就用“负责网络销售的团队，目标是提升销量”的情况来举例子吧。上一页的图是按照“因果循环”的方式绘制的。

黑色的箭头表示“当尾部的数值增加时，箭头处的数值也会随之增加”。

白色的箭头表示“当尾部的数值增加时，箭头处的数值反而相应减少”。

两根竖线则表示“滞后”。所谓“滞后”是指箭头的尾部发生变化后，箭头处的改变需要多花一些时间。

“因果循环图”①中：

· 要想增加销量，就必须增加利用网络系统购物的会员数。

· 要想增加会员数，就必须提升商品的库存数量。毕竟，如果想买的东西没现货，大家就不愿意办理会员了。

· 要想增加商品的库存，就必须有相应的销量作为支撑。

“因果循环图”②中：

· 负面评价增多，导致销量下降。

“因果循环图”③中：

· 商品库存增加后，网络销售系统的处理速度变慢，导致网购体验变差，整个网络系统的品质逐渐下降。

· 网络系统的品质下降后，又招致更多的负面评价。

像这样，我们综合各团队成员的想法，做成了一个能看得见的模型。

这里需要注意的是，太过详细的信息会导致最后绘制出的图表很复杂。

复杂的图表会令人难以理解。因此，以适当抽象的方式，进行简单的描绘即可。

由于这里所描绘的模型仅仅是一种假设，因此不要被该模型所束缚。顺便说一下，在描绘这种模型时，可以参考“贝佐斯的餐巾纸”的故事（译者注：杰夫·贝佐斯是亚马逊公司的创始人。贝佐斯当年就是用一张餐巾纸向投资者描述了创立亚马逊的计划，并成功地得到了宝贵的20万美元的种子投资）。

06 瞄准的目标

（针对“目标”而设定的需要取得的“关键成果”）

决定该关注哪项指标

绘制出模型之后，我们就要决定关注哪个指标。请从模型中筛选出最多3项指标。

在前文“通过网络系统进行销售”模型中，我们只能发现5个要素（销量、会员数、商品库存、负面评价、网络系统品质）。因此，我们可能会想把它们都纳入“指标”，但过多的指标会让我们无法集中精力。此外，对各项指标的状况进行评价很费时间。所以，最多筛选出3个就足够了。至少要选“销量”和“会员数”这两项。

在考虑今后的发展时，“网络系统的品质”也可以纳入其中，但这些都取决于你的“目标”是如何设定的。

如果希望“会员数”在3至6个月的时间里增长1万倍，那么“网络系统的品质”就应该被视为很重要的一项指标。不过，如果该系统已经达到稳定的状态了，就没必要再对其投入资源了。

决定具体的目标数值，将其设定为“关键成果”

筛选好“指标”之后，就可以从目前的状况和“里程碑”等角度出发，决定具体的目标数值，也就是所谓的“关键成果”。

“关键成果”的数量可以控制在3个左右，并排好顺序。这里所说的并非“高、中、低”这样的优先等级，而是指优先完成的顺序。为了取得“关键成果”，我们可以采取很多的行动，但事先想好“优先顺序”就可以帮助我们清楚地做出判断——应该以何种顺序来分配我们的注意力。

当环境比较复杂时，我们可能需要多花一些时间来绘制模型。指标的筛选也将是较长的一个过程。这就会导致我们迟迟无法采取关键性的行动——如此一来，就毫无意义了。因此，有时仅凭直觉来决定“关键成果”也是没有问题的。

07 用SMART法来思考“关键成果”

在设定“关键成果”时，可以借鉴多目标设定法（SMART法）。其中，S代表“具体的”，M代表“可测定的”，A代表从“可达到的”转变至“颇具野心的”，R代表“关联性的”，T代表“有期限的”。

S：Specific（具体的）

要将“关键成果”的内容用具体的语言描述出来，以保证团队成员不会对其产生误解。

比如，“销量”“会员数”等都是比较好理解的概念，但是“网络系统的品质”的说法就相对模糊了。可将其分解成“搜索的耗时”“会员进行咨询的数量”等具体数值。

M：Measurable（可测定的）

在迈向“里程碑”的过程中，用于确认“关键成果”的完成程度。

“定量化”可以帮助我们了解现状，同时也要事先明确相应的测定方法。

A：Achievable（可达到的）转变至Ambitious（颇具野心的）

一般的目标管理法都会推荐“不要过于理想化”的做法，只把目标设定为“稍微”努点力就能达到的程度。

但是，OKR工作法则要求将目标设定为“到最后期限时都未必能达到，感觉只有60%至70%的把握”的程度。

“目标”的达到概率仅为60%至70%的话，取得“关键成果”的概率也会趋同。不过，因为设定了具体数值，所以很容易会被理解成是“必须100%达到的数值目标”。这一点务必加以注意。

R：Relevant（关联性的）

“关键成果”只能是达到“目标”过程中的必要内容。

如果是从绘制的模型中筛选出指标，那么这里的“R”是肯定不会有问题的；但如果是仅凭直觉做决定，抑或对原本模糊的指标进行具体描述的时候，就要注意中间不能产生偏差。

T：Time-bound（有期限的）

为目标的达到设定期限。

如果以3个月为单位来划分“里程碑”，那么3个月就是“期限”。

08 设定OKR的示例

这里介绍几个设定OKR的例子。

【医院护士团队的案例】

目标：营造更好的职场环境

关键成果：

A.患者零投诉

B.无人因负面理由辞职

C.加班时间较以前削减30%

D.每个人的加班时间控制在20%以下

这是一个医院护士团队运用OKR的例子，该医院因护士人数不足而遭遇难题。其中，最棘手的问题是“单身护士超负荷工作”“新人的状态不稳定”。可从这些问题入手设定相应的“关键成果”。

【订单式自助连锁餐饮店的店铺案例】

目标：打造一家让顾客微笑而归的门店

关键成果：

A.从下单到上菜的时间控制在3分钟以内

B.保持顾客在自助柜台的食材、餐具不足等方面零投诉的状态

C.营业额达到X日元

D.利润率达到Y%

这是一个某餐饮门店各团队以提高利润为总体目标，采取改善措施的例子。

如果以“提高利润”为总体目标，很容易想到“营业额”“利润率”等指标，但这些并不会“令人感到兴奋”。因此，可以将门店的口号“打造一家让顾客微笑而归的门店”当作“目标”。

实际上，最初的目标被设定为“提供最好的服务”，但是这句话仅仅是员工们的一种自我满足罢了。所以，最后变换了角度——“提供了最好的服务的结果是什么

呢？”从这样的角度出发，才改成了现在的内容——“打造一家让顾客微笑而归的门店”。

而关于“关键成果”的描述，最初也有一条是“提供美味的食物”。对于一家餐饮店来说，做到这点难道不是理所应当的嘛。而且，具体实施起来也比较难测定。因此，这一条应该被删去。当然，也许会有人认为“价格贵的东西，自然也很美味”，以此来论证这样能提高门店的营业收入。但我们并不能肯定这一点与“提高利润”之间存在关联性。所以，最终还是没有被采纳。

【招聘系统集成人才的团队案例】

目标：要把网络营销业务做到第1名

关键成果：

A.招聘数据分析师3人

B.对应聘数据分析师的20个候选者进行面试

C.给数据分析师的工作内容下定义

某公司打算通过系统集成的方式开辟新的业务领域。为了招聘到适合的人才，人事部与负责该业务的部门负责人一起组建了招聘人才的团队。这里介绍的就是该团队运用OKR的例子。

一开始，他们将“目标”设定为“招聘3名数据分析师”，而“关键成果”则设定为“在10家求职网站上发布招聘信息”“制作招聘启事”等。这样的话，总让人觉得是将“关键成果”当成了任务清单来做——这可是个很不好的苗头。

因此，团队内部就“为什么必须招聘3名数据分析师”展开了讨论。最终整个团队的意见归纳为一点，那就是“要把网络营销业务做到第1名”。因此，便将其替换为新的“目标”。

“数据分析师到底是一群什么样的人？”——在此次讨论过程中，还冒出了这样的疑问。实际上，大家对这一岗位的理解都是模棱两可的，很难用语言描述清楚。因此，他们把“弄清楚定义”也设定为“关键成果”。

3 在团队中运用 OKR 工作法

01 对“达到目标”环节的确认

至此，你应该已经对作为“设定目标的方法”的OKR有所理解了吧。

然而，只设定好了“目标”是远远不够的。因为这并不能带来任何的变化。为了达到目标，首先要迈出第一步，必须朝着目标的方向勇敢前进。

狭义的“OKR”仅仅指的是目标。

我们不可能在设定了“目标”之后，全靠内心的祈祷来将其完成。

我们要以天或周为单位，不断地循环使用PDCA（见第83页）法来完善我们的方案。

“达到目标”的流程，可以细化为“对OKR的运用方式进行设计→制订行动方案→执行→对完成情况的评价→

反思之前的行动→对最终的完成情况的评价”。

“完成目标”的环节和流程

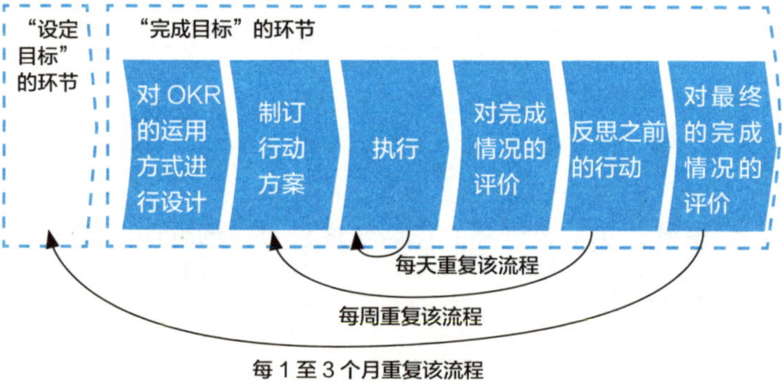

02 对OKR的运用方式进行设计

首先必须做的一件事，就是确认行动的结果能否为“关键成果”带来正面的影响，并且，要明确在什么时间点、以何种方式对行动方案的实际执行效果加以确认。

如果每个成员都已经养成了“执行”与“确认”的习惯，那么自然不会有任何的问题。但是，如果目前还做不到，最好能设定一个时间，召集整个团队的成员来进行确认。

推荐大家将“一周”或“一天”，设为一个确认周期。可以像下一页的图里那样，将确认的时间点都安排好。

首先，请大家掌握第60页图表所示的“‘完成目标’的环节和流程”。接下来，我们还将详细介绍“OKR情况简报”“OKR每日确认”“个人谈话”的具体做法。

这里可以笼统地将其理解成一种“日程安排”。

OKR情况简报，就是指把团队成员召集一堂，审视“关键成果”的取得情况，并思考接下来一周的行动方案。可以一周召开一次，每次时长一小时。

在日程表上，此项活动被安排在每周二进行，是不是让你感到不可思议呢？如果要讨论一周的行动计划，选在周一不是更好吗？

运用 OKR 的时间安排示例

	周一	周二	周三	周四	周五
早晨	OKR 每日确认		OKR 每日确认	OKR 每日确认	OKR 每日确认
上午		OKR 情况简报			
下午①		个人谈话			
下午②				个人谈话	
下班时					

但是，在日本企业里，基本上不要指望能把它安排在周一进行。因为，日本的很多节假日的设定都会导致这一天变成休息日。所以，真安排在周一进行的话，就不得不考虑是跳过这一环节，还是对日程安排做变更。

无论哪个选项都会打乱我们的工作节奏，让一周工作的PDCA循环周期变得难以持续。因此，包括其他的活动在内，均不建议安排在周一进行。

OKR每日确认，就是指每个人都重新审视过去的一天里，自己采取了哪些行动，并思考在接下来的一天里，自己该如何度过。每天一次，每次控制在15分钟以内。

因为是一天一次的频度，所以选在任何时间进行都可以。不过，笔者还是推荐大家安排在早晨的时间段里进行。这样一来，在思考“接下来的一天该如何度过”时，就可以站在“今天一整天”的角度去进行了。当你决定好了“今天一整天”该如何度过之后，就能心情愉快地开始一天的工作。

个人谈话，就是指领导者与团队成员之间进行一对一谈话。可以每周同一位成员进行一次谈话，时长在15分钟左右即可。

个人谈话只要两人约定的时间与会议室的安排不发生冲突就可以进行。因此，与“OKR情况简报”“OKR每日确认”相比，个人谈话在日程的调整上更具灵活性，只要能预留相应的时间就行了。

不过，虽说“只要时间合适就可以进行谈话”，但你也可能会遇到下面这样的情况：总是忙于其他的业务，等回过神来的时候，发现一周已经过去了。等你慌慌忙忙准备进行“个人谈话”时，又会发现与会议室的使用档期冲突了……所以，还是要确保预留出相应的时间。

03 制订行动方案

行动=设定任务清单

为了取得“关键成果”，整个团队在这一周里应该怎样做？团队成员们可以一起讨论并列出一个任务清单。这就是每周二“OKR情况简报”环节要做的事。

哪怕是与“关键成果”没有直接关联的事，只要是团队成员应共同去完成的任务，就可以被纳入进来。

列任务清单的工作，熟练之后只需用15分钟至30分钟就能搞定。但在最初的阶段，耗费的时间可能会超出预想。最开始时可能至少会占用1个小时的时间，所以，最好预留出2个小时的时间来。

任务应是一天内就可完成的内容

如果你在“设定任务清单”这件事上，耗费的时间超了2个小时，那么，很有可能是因为你思考的内容已经远远超出了“一周”的跨度。

请注意，任务应是一天内就可以完成的内容。

思考得太过细致就会成为问题。但反之，太过笼统也同样会是一个问题。因为，如果是一个需要3天时间才能完成的任务，就会让人难以清楚地把握“该任务已经完成到何种程度”。

例如，分别有A和B两项任务。

在某个时间节点上进行确认时，A任务“完成了30%”，B任务“完成了90%”。

只看数值的话，完成了90%的B任务显然会让人有“进展顺利”的感觉。但是，等到下一次确认的时间节点到来时，A任务“完成了60%”，而B任务则“完成了95%”。这样的话，B任务的完成情况反而令人感到不安。

第三次确认的时间节点上，说不定就会收到这样的报告：A任务“100%完成”，而B任务仍然“只完成了96%”。

如果任务不能被完成，其自身肯定是有问题的。但是由此引发的其他问题，就会变得难以预测了。A任务和B任务都属于“内容过于庞大”的类型。因此，需要用百分数来进行表示，否则很难把握具体的状况。

“用数值来表示”这件事，是我们对事物进行具体化描述的一种手段。但是，并不是说只要使用“数值化”的方式，就能对任何事物进行具体化的描述。

为了避免这样的问题，任务的难度一定要控制在“一天内即可完成”的程度。这样一来，我们仅需通过“完成”“未完成”的状态标识，就能对其进行实时的管理。

灵活运用任务板

笔者推荐以“团队”为单位，来对任务清单进行共享和管理。其中，最有效的一种工具就是“任务板”。任务板可以使用白板或便笺来做，也可以使用电脑或智能手机上的应用程序来做（二者在使用上的区别，将在后文详述）。

先筛选出一周内要完成的任务，然后将其填入ToDo一栏。ToDo这一栏主要记录的是整个团队需要完成的任务。从另一个角度来看，也可以说是“未完成”的任务。

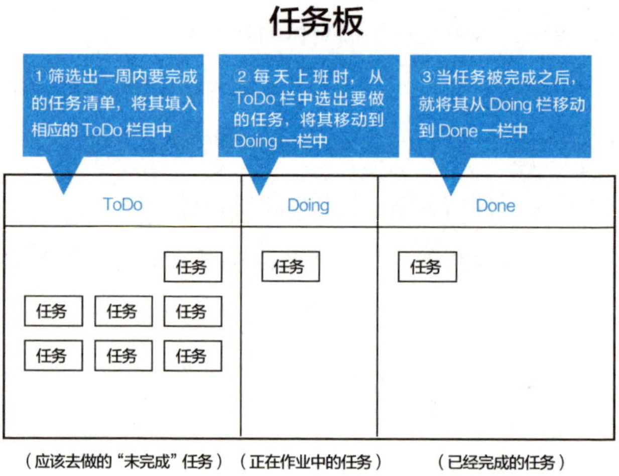

当一天的工作开始时，从ToDo一栏选出要做的任务，将其移动到Doing一栏。这样，我们就知道哪些任务“正在作业中”。

当任务被完成之后，就将其从Doing一栏移动到Done一栏。

第二天上班的时候，再从ToDo栏中挑选新的“未完成”任务移动到Doing一栏。像这样，不断重复这一步骤。

团队的所有成员都可以通过使用这个任务板，来了解其他人正在做什么任务，团队必须完成哪些任务，以此来加深它们在自己头脑中的印象。并且，当任务出现问题时，也能尽快被发现。

04 执行

接下来，终于到了实际执行的环节了，可以参考先前列出的任务清单去做。

在这一阶段，应尽可能高频度地更新执行的情况（最少要保证每天一次）。

使用任务板来进行管理的话，就可以清楚地了解到哪些任务已经完成，哪些还在作业中。

当Doing栏中同时存在多项任务时，就要注意了。

当多项任务同时进行时，请务必确认是否遇到了“多任务处理”的情况。

也许，有些人会觉得同一时间处理多项任务是“很酷”的一件事吧。但实际上这样做的效率极差，而且很容易出错。此外，过重的工作负荷，有时候也会导致团队成员的身体与精神上出现问题。

不方便准备任务板的话，也可以用“日报”的形式在团队中共享信息。

理想的状态就是实时更新执行的情况，但有时也会遇到忘记更新的情况。

因此，可以利用“OKR每日确认”的机会，在每天的早间时分，将大家的工作情况进行一次更新。这是个不错的方法，其优势就在于：所有团队成员都会聚一堂，如果有什么想商量的事情就可以马上提出来。

05 对完成状况的评价

对“目标”完成情况的评价

在执行过后，可利用每周一次进行“OKR情况简报”的时间，对其完成情况进行评价。

首先，要确认是否与当初设定的“目标”方向相一致。由于“目标”是定性的内容，很难用数值化的方式来加以确认，因此，可借助团队成员的“感觉”来做判断。

笔者将其称为“猜拳打分法”，具体的做法如下：

①各自对“目标”的完成情况进行主观打分（0分至5分）。

②主持人发出口令“开始”后，同时亮出评分（1分就伸出1根手指，3分就伸出3根手指，以此类推）。

③主持人进行统计，计算出平均分。

当我们要对定性的内容进行“确认”时，难免会流于表面。而像这样简单的分数化的形式，就能帮助我们进行具体的思考。

由于是早前设定的“目标”，随着时间的流逝，团队里的人对其内容上的理解，很可能会出现差异。如果发现存在误解，一定要及时就“目标”进行再一次的讨论。

例如，如果目标是“我们是负责信息安全的团队，我们要扩充公司内IT使用者的相关知识，将信息安全事故防患于未然”。那么，很可能就会有人提出疑问：“什么？‘IT使用者的相关知识’具体是指什么呢？”

猜拳打分法

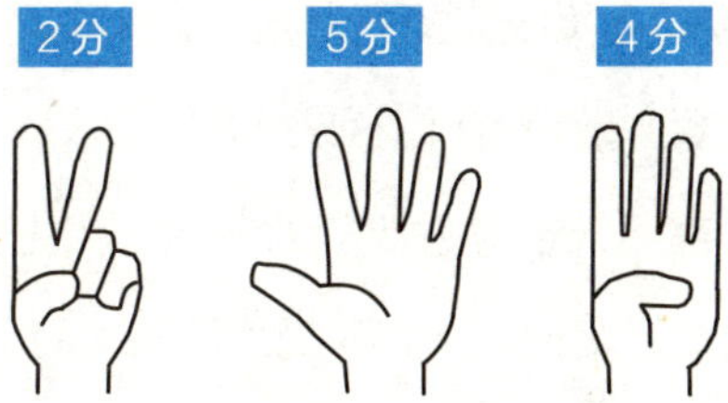

0分：出“拳头”；5分：出“布”。像这样可以进行6分制的评价。
如果把两只手都用上的话，就以进行“0–10分”这样11分制的评价。

在信息处理量较少的情况下，我们可以非常具体地给出指导内容；但是，信息处理量增加的话，我们就很难面面俱到了。

顺便提一下，在进行评分的时候，如果老是顾及周围人的脸色，想着“他们好像也会打出这个分数吧”，那么评价的结果就会变得毫无意义了。因为，这一方法的初衷就是希望大家都能用分数来表明自己内心的真实所想——“我就是这样想的”。

“A君你打几分？”“B君你打几分？”——像这样，让大家依次来打分的话，后面的打分者就会受到第一位打分者所给出分数的影响。

比如，第一个人打出了5分，第2个人也打出了5分这样的高分。那么，接下来轮到你打分的时候，就会在心里想：“打2分是不是太低了啊？”然后，为了迎合大家，你不得不提高分数，勉强给出了3分或4分。

如果彼此都不知道对方要打的分数，当主持人一声令下——“开始”，我们就不容易受到周围人的干扰了。

对“关键成果”取得情况的评价

对“目标”的评价结束以后，接着就该对“关键成果”进行评价了。

正如前面所说的那样，“OKR情况简报”是将团队全体成员召集起来进行的一项活动。当大家都聚到一起时，如果我们还将时间花在对“关键成果”取得情况的搜集和整理上，那就等于是在浪费时间了。

由于“关键成果”可以用数值来进行表示，因此在进行“OKR情况简报”之前，就可以委托某位成员去搜集好目前“关键成果”的取得情况，抑或事先就设计好“任何人在任何时间都能对目前的状况进行确认”的工作方式。

使用图形化的形式，能让我们对“关键成果”的取得情况有更加直观的了解。由于“关键成果”的指标是可以用数值来表示的，因此非常适合被做成“图表”。

在图表中绘制取得“关键成果”的基准线，在每次进行“OKR情况简报”的时候可以再绘制实绩线，二者间的差异就会一览无余了。

以图形化的形式对关键成果进行确认

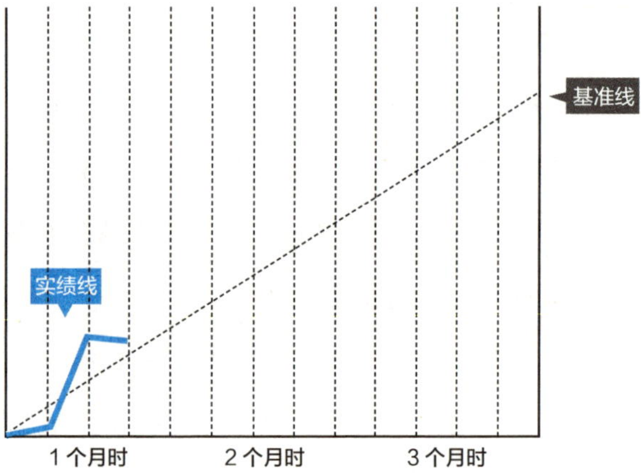

最后，让我们对完成情况的评价方法做一个总结。“O（目标）”属于定性的内容，可以用打分的方式来进行简单的数值化评价。

“KR（关键成果）”属于定量的内容，可以通过图形化的方式加以确认。

06 反思之前的行动

在取得“关键成果”的过程中，无论是按计划顺利进行，还是进展不畅，我们都必须进行反思。

也许你会问：明明能按计划顺利进行，为何还要反思呢？

因为，当初在设定“关键成果”时，选择的都是取得概率在60%至70%的内容。如果能够按计划顺利进行，有可能是因为选择的内容太容易了。这种情况下，我们就需要对“关键成果”的内容进行重新设定。

如果进展不畅，反而是正常状态。为了取得“关键成果”，我们就要反思之前的行动。但是，如果发现“关键成果”的取得确实很困难，或者即便取得了“关键成果”，但对实现“目标”也没有什么贡献，那么，我们就不能只是一边反思一边继续坚持了，而是要舍弃当前的OKR，一起讨论设定新的OKR。

在反思之前的行动时，大家可以参考行动指标与结果指标。

行动指标是指某个行为能够对其产生直接控制的指标。

结果指标是指某个行为的结果能够带来间接性变化的指标，但并不能对其进行直接的控制。

以公司内部的培训会为例。

“公司内部培训会的参与人数”是不会因为某个行为而发生直接变化的，因此它属于结果指标的范畴。

那么，怎样做才能使参与的人数有所增加呢？我们可以增加举办公司内部培训会的次数。这样一来，参与的人数自然就增多了。另外，即便培训会的次数增多了，但是单场培训会的参与人数还是较少，这种情况有可能是会前通知不到位导致的。我们可以通过扩展宣传渠道，来化解“参与者较少”的问题。而“公司内部培训会的召开次数”“增加公司内部培训会通知的媒介”等都是直接的行为，均属于行动指标的范畴。

需要注意的是，行动指标与结果指标之间也会存在“滞后”的现象。

行动指标与结果指标

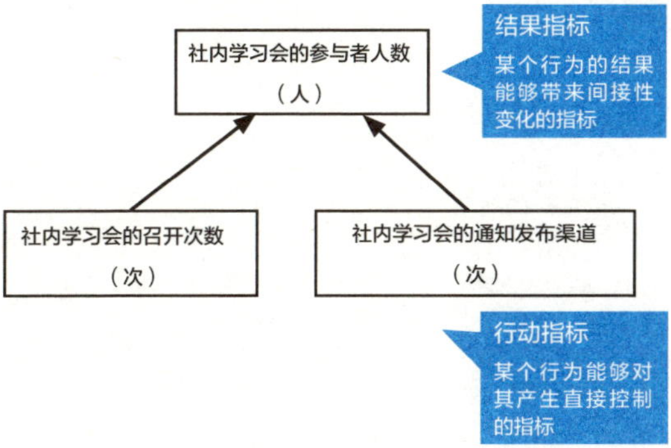

很多时候，即便我们采取了行动，其结果也不会立刻以数值的形式反映出来。因为结果指标没有出现积极的变化，便开始尝试新的做法，抑或仅仅试了一次便不想再做了——大家一定要避免出现这样的情况。关键是我们在反思之前的行动时，要将尝试了多少次、在什么期间做出了尝试等问题考虑进来。

这里推荐用于反思的方法，就是“KPTA反思法”。

KPTA反思法，主要是基于Keep、Problem、Try、Action这4个方面搭建起思维框架，从而进行相应反思的一种方法。其具体的做法，将在后文详述。

07 对最终完成情况的评价

当到达“里程碑”的节点时，就要对最终的完成情况进行评价。

虽然各个“关键成果”的取得是很重要的，但更加重要的是我们是否能够实现“目标”。

我们不必给出“目标能实现/不能实现”这样极端的评价，但至少要知道我们正在一点点地接近“目标”。

如果你发现你们正在接近“目标”，那么就请与团队成员一起分享这份喜悦。

如果你发现“目标”已经实现了，那么就请与团队成员一起分享“盛大”的喜悦吧！

最糟糕的情况是，整个过程中没有对“关键成果”的状况进行确认，临了就觉得“哎呀，果然没有完成啊。不过，原本设定的就是难以达到的高目标，所以失败了也是正常的”。

如果你自己有这样的想法，你会发现周围的人也会陷入同样的状态之中。所有人都只关注眼前的工作，等到回过神时已经过去3个月了，于是开始手忙脚乱起来。要真是手忙脚乱就算了，就怕不知不觉间大家竟然把“目标”都遗忘了——这种情况并不少见。

评价的环节结束以后，就要开始新的阶段了。

我们可以重新设定“目标”，然后为之继续努力工作。

08 进行“OKR情况简报”的方法

至此，你应该已经明白了“达到目标”的大致流程了吧。接下来，就详细说一说在各个流程中进行“反思”的方法。

在“OKR情况简报”中运用“KPTA”来进行反思

“OKR情况简报”就是指每周一次召集所有成员，讨论“对关键成果取得情况的评价”“反思之前的行动”“制定新的行动方案”这3项内容的活动（以会议的形式）。

“OKR情况简报”的议程主要是团队成员齐聚一堂，就“PDCA循环”中的Check（评价）、Action（改善）和Plan

（计划）进行思考与讨论。

这一环节耗费的时长，是检验一个团队能否熟练运用“OKR情况简报”的指标。刚开始还不太熟练的时候，至少要预留出2倍的讨论时间。

本书以“反思之前的行动”为例，来向大家介绍运用“KPTA反思法”。

KPTA反思法，主要就是基于Keep、Problem、Try、Action这4个方面搭建起思维框架，从而进行相应反思的一种方法。

Keep即“继续保持的事情”，指的是进展顺利且能继续进行下去的事情。无论多么细小的事情，只要是希望能继续保持下去的，就可以纳入进来。

Problem即“不满的事情”，指的是令人感到不满的事情，或还有进一步完善的空间的事情。可以是已经出现的问题，也可以是自己内心所感觉到的内容。此外，还包括未来可能会出现的问题、风险等。

Try即“想要尝试的事情”，指的是针对Keep与Problem部分的改善对策。其中，既包括了对属于负面的Problem的改善，也包括了对目前进展顺利的Keep这个部分的改善。

Action即“具体实施的内容”，指的是基于Try的部分，具体可以实施的内容。明确由谁、在何时、以怎样的方式去完成何种工作。

OKR情况简报的议程安排表

时长（分）	内容	备注
3	对“目标”的完成状况进行评价	如果是刚刚设定好的“目标”，则此部分可以省略
5	对“关键成果”的完成状况进行评价	如果是刚刚设定好的“目标”，则此部分可以省略
30	反思之前的行动	如果是刚刚设定好的“目标”，则此部分可以省略
20	制订新的行动方案	

※能熟练进行“OKR情况简报”的团队

“KPTA反思法”一般可以利用“KPTA板”来进行。

笔者认为，一旦熟悉了这种布局之后，使用起来就会非常便捷。反而是有些应用程序，让人感觉非常难上手。所以，还请大家在这方面多多去尝试。特别是，将Keep与Problem的内容上下放置的时候，在软件里查看起来就特别不方便。这种情况下，推荐大家以Keep→Problem→Try→Action

的顺序依次排列。

“KPTA反思法”的操作步骤

除“KPTA板”以外，请再准备好便笺和笔。接下来，我们就可以开始运用这一反思法了。

如果你是第一次接触该方法，请按照以下5个步骤去做：

①列出Keep的项目

②列出Problem的项目

③列出Try的项目

④对Try部分的内容进行筛选

⑤决定Action的项目

Step 1：列出Keep的项目

首先，请每个人思考对于完成“目标”和取得“关键成果”来说，能起到积极作用的行为，并将其写到便笺上。

所有人都写好以后，将其整理并粘贴到“KPTA板”的Keep一栏。

此时，请采用“每次每人一张便笺”的形式来表明自己的意见。

A君、B君、C君、D君依次提出自己的想法。首先，由A君手持一张写有Keep内容的便笺，将其粘贴到“KPTA板”上并大声念出来。如果其他人中有与A君持相同意见的，则可以将自己的那张便笺贴到靠近A君Keep便笺的位置上。

A君贴完之后就轮到B君，由他将新的Keep内容粘贴到“KPTA板”上。其他人若有相同的意见，则粘贴到其附近位置即可。接下来，再轮到C君、D君……然后又轮到A君。直至所有人都将手中的Keep便笺贴完。

之所以推荐大家采用这种方式，是因为这样更容易让大家自由地给出意见。

假设，先让A君把手中的Keep便笺全部贴完，然后再让B君把手中的Keep便笺也全部贴完，接着轮到C君、D君……这样的话，越往后这些意见就越趋同，不再会产生新的意见。

人很容易被头脑中的“印象”所左右，即便是相同的意见，仅仅因为其出现的顺序靠后，就会被认为是对整个团队的贡献度较低。而采用笔者所推荐的方式，则可以减少这种情况的发生。

Step 2：列出Problem的项目

接下来，请每个人思考对于完成“目标” 和取得“关键成果”来说，会起到消极作用的事情或行为，同样将其写到便笺上。

在写Problem的内容时要注意，不能是“含有Try提示的Problem”。

例如，像“一直没有举办过关于‘网络’的公司内部培训会”这样的表述中就包含了“举办关于‘网络’的公司内部培训会”的Try提示内容。如果是因为没有举办培训会所导致的问题，最好表述为“回复有关‘网络’的咨询很耗时间”。

所有人都写好以后，将其整理并粘贴到“KPTA板”的Problem一栏。

Step 3：列出Try的项目

以“KPTA板”的Keep与Problem栏目中所粘贴的内容

为对象，思考相应的改善对策，并将其写到便笺上。

这里所列出的改善对策，并不一定要具备可行性，一些不知道能否付诸实践的内容，也可以包括在内。请尽可能多地列举，哪怕是只能带来一点点改善效果的主意。

将写好的便笺粘贴到“KPTA板”上，并与Keep或Problem的内容对应起来。

由于是大家从各自的视角出发想出的主意，所以当我们看到他人所写的内容后，大脑也会受到刺激，从而冒出新的点子来。这时，只要想到新的主意就应该立刻写在便笺上，然后等轮到自己时再粘贴到“KPTA板”上，以便与他人进行分享。

Step 4：对Try部分的内容进行筛选

当大家一起分享完各自的主意之后，就可以从中筛选出“比较有效”的内容。

Try部分所列出的项目，不可能全都具备可行性或可操作性。所以，请花一点时间从中筛选出几个“比较有效”的内容。

Step 5：决定Action的项目

将筛选出的Try内容具体化，转换为可执行的Action项目。如果是偏任务型的Action项目，就可以写到“任务板”的Todo一栏；如果是有关团队规章制度的项目，则可以对原有的规章制度进行添加或修改。

再度运用“KPTA反思法”的做法

等下次再进行“KPTA反思”时，应该先从“对前一次KPTA的确认”开始做起。

对Try、Action的内容进行确认，如果是需要Keep的项目，则可以将便笺移动到Keep一栏，然后剔除掉不必要的Try、Action项目。

对Problem的内容进行确认，剔除不必要的Problem项目。

对Keep的内容进行确认，剔除不必要的Keep项目。

Keep栏中可能会有很多从Try和Action栏中移过来的便笺，因此，可以对其进行一番整理。但是，真正重要的

“KPTA 反思”的步骤（首次）

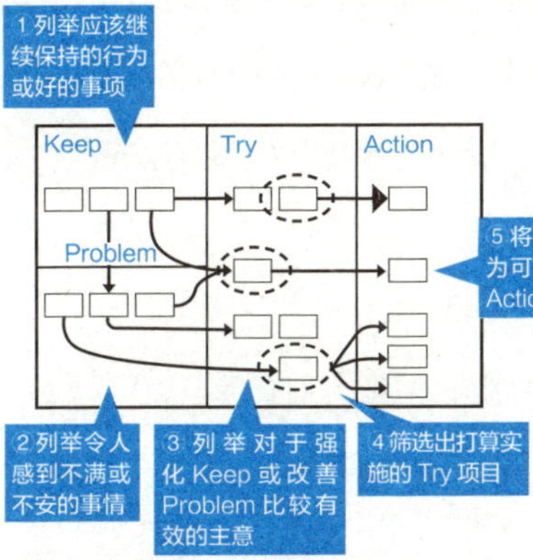

“KPTA 反思”的步骤（第二次及以后）

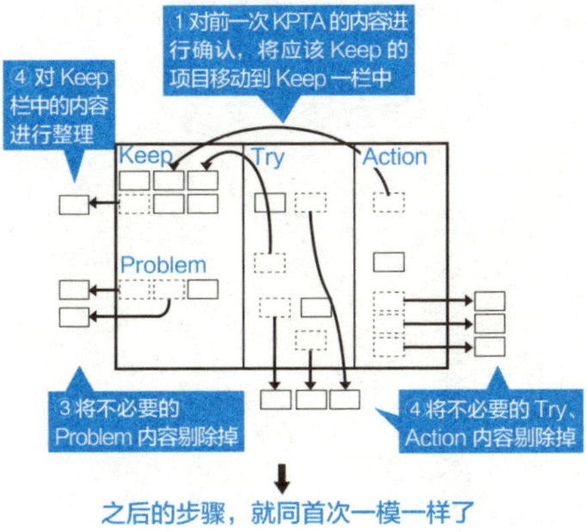

是，作为一个团队要明确哪些事情是应该继续做下去的。

随着团队能力的提升，或者外部环境的改变，如果继续坚持去做某些事情，反而可能会拉低团队的工作效率。像这样的内容，就应该从Keep栏中剔除了。

之后的步骤，就和首次操作时的第1至5步一模一样了。

09 进行“OKR每日确认”的方法

开启一整天的战斗

“OKR每日确认”就是指每天一次召集所有成员，用很短的时间针对当天的工作制订“作战计划”。因为这是每天必经的环节，所以最好能在短时间内搞定。最多不能超过15分钟。

需要提前准备两样东西：整个团队的“OKR”与“任务板”。

Step 1：各自做报告

每个人借助“任务板”进行事项的报告。

· 昨天做了什么

· 今天要做什么

· 完成“目标”与取得“关键成果”的过程中遇到了什么障碍

Step 2：讨论如何应对障碍

如果“OKR每日确认”的环节能够在15分钟内搞定，那么就可以接着一起讨论解决障碍的对策。

如果时间已经超过了15分钟，那就一起商定召开专门讨论会的时间，然后结束该环节。

我身边的很多人都把这种专门用于讨论解决对策的会议，称作“二次会”。

10 进行“个人谈话”的方法

要与团队成员对话

“个人谈话”就是指领导者与团队成员之间，就其“个人的成长”进行一对一谈话的环节。

“一对一”这个词听起来就让人有“贴近”的感觉。因此，同每个成员进行谈话的时长，控制在每周15分钟左右即可。当然，肯定得是当面谈话。根据谈话内容的不同，也可适当延长一些时间。

如果是一个能确保成员们在心理上拥有安全感的团队，就肯定会十分尊重其“个人的成长”。并且，当个人遇到困难时，也自然会想到寻求团队的帮助。因此，在这样的团队中，就没有再进行“个人谈话”的必要性了。

但另一方面，如果团队尚不能保障成员们的心理安全，那么，当其遭遇困难时，也许就会选择自己一个人去承受了。

在这种情况下，花一些时间去弄明白“成员内心到底是怎么想的”就显得尤为重要了

Step 1：问一问他最近遇到什么好事

“最近遇到了什么好事吗？”以这样的方式来挑起话头。

先聊一些积极的话题，能让谈话的氛围变得更轻松。

Step 2：问一问他关心哪些有关“自身成长”的事情

“有没有找到上手的感觉？”“有什么比较关心的事情？”接着，可以向对方抛出这样的问题。

如果对方没有什么特别在意的事情，那么话题可以就此打住，抑或适当地聊一些杂事。

Step 3：同对方一起思考下一步的行动

如果对方确实遇到了问题，那就一定要问清楚。

对方在表达时也有可能会吞吞吐吐，而我们只需要去倾听就好。有时，领导者会一厢情愿地去猜对方的想法并代其表达。这里还是建议领导者做到“多听少说”。

Step 4：询问对方下一步的打算

在第3步中，同对方讨论遇到的问题，并给出了若干行动的方案。

当然，这些方案不可能同时被采纳，所以要让对方自己去做决定。如果对方的选择没有什么问题，就可以说一句“好！那你要加油咯”来结束个人谈话。

如果对方的选择存在问题，就可以问一问对方“为什么”，促使其重新考虑。

作为领导者的你与团队成员之间的“个人谈话”环节，就介绍到这里了。建议领导自己也要留出时间来，找个对象来进行“个人谈话”。这个对象既可以是上司，也可以是同事。

11 灵活运用“OKR管理板”

至此，我们已经介绍了运用OKR的方法。

为了更好地统筹这些内容，推荐你准备一个能让全体成员一目了然的记录板（“OKR管理板”）。

可以将此前所介绍的OKR、任务板、KPTA板等内容，通通纳入“OKR管理板”中。此外，还可以加入团队名称、团队规章制度等内容。

给团队取名字，可是一个增强成员归属感的大好机会。所以，请务必让大家一起来想名字。

如果一时半会儿想不出好名字，则可以参考以下的步骤来做。

①每个人都在各自的便笺上写下“以团队的形式共事时，最重要的事情”。

（例如：互相尊重、守时等）

②把各自所写的内容念出来，进行分享。

③相近的内容可以划为一组。

④参考分组的内容，每人给出两个团队名。

⑤将每人所写的便笺收集上来并打乱顺序，好让人猜不到是谁写的。

⑥对满意的团队名进行投票表决。

团队名可以说是一个团队的基本信息，最好在设定“目标”之前就决定好。

由于包含很多的内容，所以“OKR管理板”往往会很占地方，建议直接将它画在一面墙上。

如果找不到合适的空间，也可以试着找一个健身的瑜伽垫，在上面粘贴白纸来画。

物理空间的限制，往往会导致“OKR管理板”的设置遇到困难。但另一方面，解决问题的过程，却产生了凝聚团队成员的意外效果。

帮助运用OKR的数字化工具

关于OKR工作法所使用的“任务板”和“KPTA板”，人们往往也会陷入争论：是使用白板、便笺、铜版纸这样的物理工具呢，还是使用电脑、智能手机上的应用程序等数字化工具呢？笔者强烈推荐，可以先从物理工具开始用起。因为其自由度更高，且更容易做出各种各样的变化。

OKR 管理板

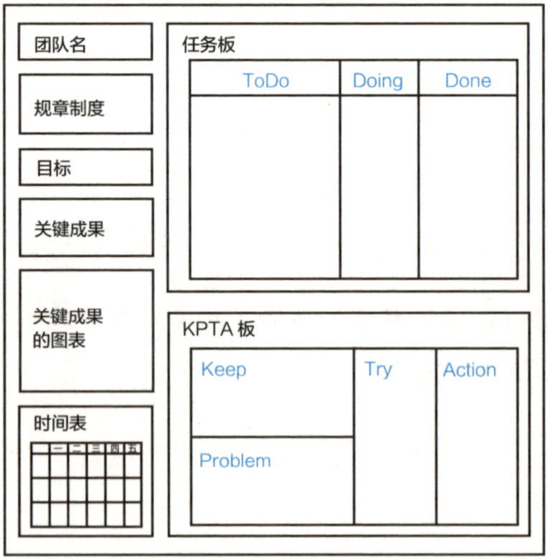

如果你在还未熟练掌握OKR法的时候，就开始使用专门的数字化工具，那么，这些应用程序在帮助你节省劳动力的同时，也可能会让你忽视很多重点的内容。这就是所谓的“被工具干扰”的状况。

等到熟练掌握OKR法以后，在你想要更有效率地去做自己想做的事情时，就可以让数字化的工具来助你一臂之力了。

这里介绍几款能用于OKR管理的数字化工具。虽然，目前还没有哪款应用程序能真正替代物理的“OKR管理板”，但我们可以将多个工具综合起来加以运用。

【Zealup】https://business.zealup.jp/

OKR管理软件的代表产品。它可以对“时间期限”“组织层级”和“OKR层级”进行管理。自带Check in（记录）功能，能自动更新数据并绘制出图表，还能提供对“关键成果”和“任务清单”的点赞与评论功能，并且能为他人的活动提供支援。只需要使用这一款专业软件，就能让你的OKR管理变得更轻松。

【Trello】https://trello.com/

一款任务管理工具，可以起到“任务板”的作用。由于是卡片化的界面，所以也能用作“KPTA板”。不过，需要花些时间来设置显示的布局。

【Realtime Board】https://realtimeboard.com/

【lino】https://ja.linoit.com/

数字化便笺工具。它将取代你手边的纸质便笺，它的用途非常广泛，堪称多面手：可用于多人进行“头脑风暴”，也可用作“任务板”或“KPTA板”。

【Google Spread Sheet】

【Microsoft Excel】

表格计算工具。由于使用灵活度很高，所以可以用于很多场景。笔者主要用它实现输入“关键成果”的数值后，绘制出对应的图表，抑或用作“KPTA板”。

数字化工具

	计划制订阶段的“头脑风暴”	指标的图形化	任务板	KPTA 板	管理多个团队
Zealup		◎			◎
Trello			◎	○	△
Realtime Board	◎		○	○	
lino	◎		○	○	
Google Spread Sheet	○	◎	○	○	
Microsoft Excel	○	◎	△	△	

4

在组织中运用 OKR

01 在组织中引入OKR工作法

之前，我们介绍的都是如何在团队中运用OKR工作法。

如果把运用的范围再稍稍扩大一些，就能收获更好的效果。我们可以在整个企业中引入OKR工作法。这样一来，就能准确把握各个团队正在朝着何种“目标”做出何种努力。并且，团队之间能够相互提供支援。整个企业也将因此取得更大的成果。

当然，你所领导的团队也会更容易获得来自外部的支援，从而做出更好的业绩。

当你在团队中成功运用了OKR工作法之后，接下来就可以在整个企业层面引入OKR工作法了。

若要在企业层面引入OKR工作法，笔者推荐采用从局部到整体、循序渐进的方式，而不是一下子引入全体部门，可以按照“建立、展开、固化”这3个步骤来进行。

在组织中引入 OKR 的步骤

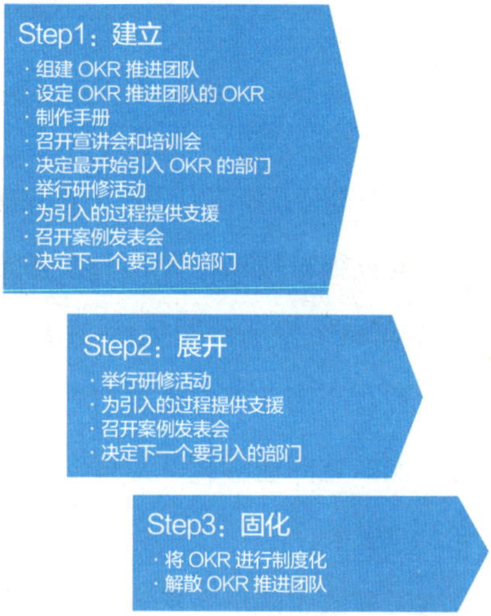

Step 1：建立

组建在企业内部专门负责推进OKR工作法的团队，并在该团队的主导下开展OKR工作法的引入工作。

Step 2：展开

增加引入并运用OKR工作法的团队的数量。

Step 3：固化

将OKR工作法化作组织制度的一部分。

OKR工作法获得固化后，先前组建的推进团队的任务就完成了。因此，到了这一步就可以解散推进团队了。

02 “Step 1：建立”的实施

组建OKR工作法推进团队

首先，必须有一个专门负责推进OKR工作法引入工作的团队。

OKR工作法推进团队的使命，就是在所在公司里引入OKR工作法。

团队成员可以由你和另外的一至两人组成，但总人数最多不超过四人。如果团队里只有两个人的话，至少要保证有一个人是专职负责该工作的。因为，推进团队需要在短时间内完成多项工作。所以，为了不影响推进的效率，不建议成员再负担其他的业务。

另外，团队的总人数最好不要超过五人。成员太多的话，可能需要用超出预想的时间，才能在团队内部达成一致的意见。

由于为团队或部门设定OKR的工作，很多时候都是要以会议的形式来进行的。因此，建议大家在团队中加入擅长主持会议的人。

团队组建好之后，一定要先取得公司董事会的书面认可。

此外，别忘了确保有足够的活动预算。OKR工作法推进团队的人员工资、参加外部研修的费用、举办宣讲会的招待费、培训相关的费用等都是必须考虑的。如果要举办培训会，别忘了还要有购买茶点的费用。OKR管理软件的授权费、购买白板和便笺等文具的费用，也都要纳入预算中。

为OKR工作法推进团队设定OKR

请在与社长、董事进行商谈的基础上，为OKR推进团队设定OKR。

虽然理想的状态是能够从企业的层面来设定OKR，但在此之前必须先完善好运用OKR的“土壤”。要让管理层清楚地了解，引入OKR工作法能给企业带来什么以及要用多长的时间来做这件事。

我们需要就OKR的内容进行详细的说明，直至社长和董事都对OKR形成正确的认知。

制作手册

请结合自己公司的实际情况，制作相应的工作手册。

其他公司的做法仅供参考，我们要针对自己的公司，考虑清楚“为什么要引入OKR工作法”“OKR的设定方法”“OKR的运用方法”“当遭遇失败时如何应对”“可参考的书籍或网站”等一系列内容。谷歌公司推出了一个名为“Google re：Work”的网站，上面发布了OKR工作手册和工具软件，大家可以参考一下。

制作好的手册，在向全公司正式发布之前，还要在内部收集意见。

可将参与过宣讲会和培训会的人作为对象，请他们一起来提意见。这一点，后文还会详述。

收集意见的对象，不能仅限于高层领导，中层管理者、具体负责人等各方人员，都应该参与进来。这才是最理想的状态。如果是用群发邮件的方式，可能会有人不方便回复意见，这时建议进行个别的单线联系。

让大家对手册的内容提意见，尽可能多地倾听来自一线人员的反馈。不过，意见数量太多，也会导致手册的内容变得七零八落。所以事先一定要明确“最终要由OKR工作法推进团队来拿主意”，以避免不必要的混乱。

召开宣讲会和培训会

邀请专业的OKR讲师来企业举办宣讲会。

开宣讲会的目的主要有两个。

其一，向全公司宣示OKR工作法推进团队已正式开展工作，以此来提升团队在公司内的知名度。

其二，发现公司内部对OKR工作法较有兴趣的人。

宣讲会的企划案做好以后，就可以在全公司内发布通知，募集参与者。

整理出来的参与者名单，就可用于后续对工作手册收集意见、讨论引入部门时的参考资料。

也许有的人对OKR工作法很感兴趣，但因为这样那样的事情而无法参加宣讲会。因此，在前期设计报名表的时候，就可以提供“参加”“不参加（有兴趣）”“不参加（无兴趣）”这3个候选项。

举办大规模宣讲会比较困难的话，可以召集有兴趣的人举办培训会。

这种情况下，也许你自己就是最好的“培训师”。

因为，你自己就是运用OKR工作法做出过业绩的成功案例，所以如果是对OKR工作法感兴趣的人，一定会认真听你介绍的。

决定最开始引入OKR工作法的部门

在这一步，要决定最开始引入OKR工作法的部门。

考虑到推进团队自身的成员人数与熟练度，最开始时建议挑选能组建起5至10个团队的部门，来开展引入OKR工作法的工作。

不过，鉴于OKR工作法一般都追求“颇具野心”的目标，所以这个数量也可以再多一些。但是，推进团队在同时支援多个对象团队时，还是应该控制在每2人支援6个团队的比例。

最好选那些负责人对OKR工作法持积极态度的部门。否则，就要事先向部门负责人详细说明OKR工作法是什么，以及引入OKR工作法的优势和劣势等。

因为企业文化的不同，有些人会很介意职位的高低。部门负责人与作为团队领导的你之间，可能会出现配合不畅的情况。这种时候，建议你要求晋升自己的职位，或者是邀请高级别的领导一起出席会议。当然，即便是在不那么介意职级的企业里，让高级别的领导出席会议，也能向员工表明此项工作的严肃性。

举行研修活动

将对象部门的领导层成员都召集起来，展开研修活动。

在活动的一开始，最好请领导就“为何要引入OKR工作法”进行发言。

事前与领导协商好，该怎样动员才能让全员都积极地对待此次研修活动，然后请领导亲自整理发言稿。如果由推进团队来提前准备发言稿，难免给人一种“照本宣科”的感觉，这会大大削弱员工们的积极性（这种情况的确发生过）。

接下来，就是向全员介绍OKR的设定方法与运用方法。通过这一环节，让对象部门的团队领导者们都掌握OKR的基础知识。

主要介绍在OKR管理中必须进行的活动内容，并确定部门OKR设定会议的召开日期，各个团队进行每周“OKR情况简报”的时间等。

这之后，再由OKR工作法推进团队来说明，将会为各个团队提供哪些支援。

为引入的过程提供支援

将部门负责人和各团队的领导者召集起来，一起商讨设定部门层面未来3个月的OKR。此次会议可由OKR推进团队来主持。

然后，各个团队再基于本部门OKR的内容，设定本团队的OKR。最开始时，该会议可由OKR工作法推进团队来主持，等到团队的领导者熟练之后，就应该由团队领导者来主持会议。各个团队要在部门内部共享彼此的OKR。

“OKR情况简报”则应交由团队的领导者去组织进行。OKR工作法推进团队也可调整好日程安排，参与该团队的“OKR情况简报”活动，如果发现问题可及时进行反馈。要定期将OKR工作法推进团队、部门负责人、各个团队的领导者召集起来，对之前的活动进行反思回顾，并商讨如何更好地引入OKR工作法。

召开案例发表会

在部门中引入OKR工作法近3个月以后，可以召开“案例发表会”。

此环节的目的主要有3个：

其一，帮助已经引入了OKR工作法的团队认识到自己身上发生的变化。将引入OKR工作法前后的工作方式与工作成果进行对比，然后整理成发表的内容。

请取得了良好成果的团队来进行案例的发表。

因为，在对引入的过程进行支援时，你会发现有的团队很容易就能做出成果，有的团队则不能。

所以，应避免让没有取得成果的团队进行发表。毕竟，如果发言的人带有沮丧之情，传递出“OKR工作法很难”“OKR工作法出不了成果”等信息，就不太好了。

其二，进行知识的储备。所有发表的资料都将是我们可参考的内容。

其三，继续发现对OKR抱有兴趣的人。这将帮助我们选定接下来要引入OKR工作法的部门。

案例发表会的流程，可按下图所示进行。

案例发表会的流程表

时长	内容	该环节负责人
10分钟	对OKR的期待	社长、董事发言
10分钟	对OKR引入情况的说明	OKR推进团队发言
10分钟	案例1	各团队的领导者或成员发言
10分钟	案例2	同上
10分钟	案例3	同上
10分钟	茶歇	–
15分钟	讨论1	–
15分钟	讨论2	–
15分钟	讨论3	–
10分钟	对OKR成果的总评	部门负责人发言
60分钟	交流会（自助餐）	–

（共计：175分钟）

有公司高层出席并发言，能体现出公司对该活动的重视程度。进行案例发表时，每个团队的发言时间最好控制在10分钟以内。太长的发言需要耗费更多的准备时间，而且也会让听者感到厌烦。

讨论环节的做法

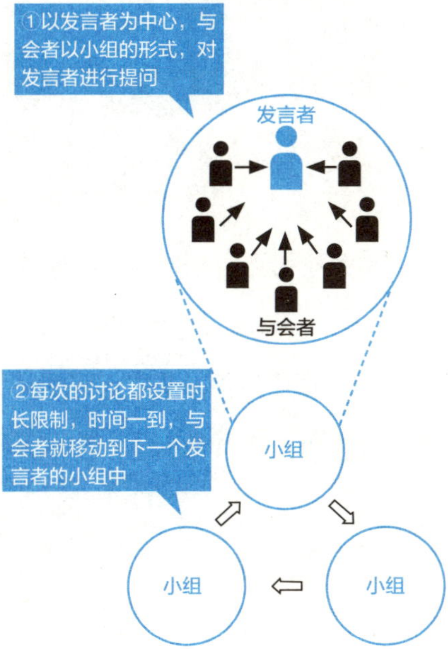

讨论的环节，可以设置为以发言者为中心，分组进行讨论。与会人员可以向发言者进行提问，以便了解自己想知道的内容。有时候，在每一个案例发表完以后，立刻就进入提问环节的话，可能提问者一时想不到要问什么。所以，像这样以“小组”的形式进行讨论，会让人比较容易想出要提问的内容。时间到了以后，所有与会者可以移动到下一位发表者的小组中。

对OKR工作法没有兴趣的人，基本上都会在讨论环节开始之前就离席去休息了。因此，这一环节也兼具“筛选”的功能。

可以准备一些简单的点心和饮料，把整个会场弄成自助餐形式的交流会。

能一直坚持下来的与会者，基本上都是对OKR工作法抱有兴趣的人，我们可以将其列入下一步引入OKR工作法的候选名单。

决定下一个要引入OKR工作法的部门

召集各部门负责人开会，确认是否有希望引入OKR工作法的部门。如果有人举手示意，就将其所负责的部门选为下一个要引入的部门。如果没有人主动举手，可以从此前参与宣讲会、培训会、案例发表会的人员中进行挑选。那些有很多成员对OKR工作法抱有兴趣的部门，或者上级领导曾亲自参会的，都可列入我们考虑的对象。

现在，你应该已经对OKR工作法推进团队的工作方式有所了解了吧。那么，“建立”这一步骤基本上也就到此为止了。

03 “Step 2：展开”的实施

举行研修活动

这部分实施方案同“Step 1：建立”中的实施方案一样。

为引入的过程提供支援

这部分的内容也与“Step 1”中的一样。

不过，在“展开”的过程中，由于在同一时间内有很多个团队在齐头并进，所以OKR工作法推进团队也需要适当地增加人手。

一些大型企业，可能会在每个部门分别组建OKR工作法推进团队，以图加快OKR工作法的引入速度。但是，根据笔者以往的经验来看，我们应该避免出现这种“急于求成”的情况。如果你一定要这么做，那就请务必注意以下两个问题：

第一，由于整个推进团队组建得比较急，所以难免会把一些还不太熟悉OKR工作法的人也选进团队里来。这些成员自身还不具备指导他人的水平，就被赶鸭子上架了，其结果就是，很多团队使用的都是“伪OKR工作法”。要想改掉已经养成的坏习惯，是一件特别费劲的事。所以，务必要保证推进团队里的成员都对OKR工作法有充分的了解，并且具备指导他人的水平和能力。

第二，某些企业会把“OKR工作法推进团队”当成接收“工作能力较差的员工”的收容所。这样一来，不仅整个推进团队的工作无法顺利开展，在团队解散以后，这些人的去留又可能成为新的问题。

召开案例发表会

这部分要做的工作同“Step 1”中的一样。但是，如果每次发表会都重复相同的内容，与会者就会渐渐减少。所以，请稍微做出一些改变。比如，从外面请专业的讲师来做演讲。这样能给人以新鲜感。

决定下一个要引入OKR工作法的部门

在这个环节要确定新的引入部门。在初始阶段，会有一些主动表示“想要引入OKR工作法”的部门，这可以让我们的工作轻松一些。但是，到了中期以后，要面对的就只剩下那些“不想引入OKR工作法”的部门了。因此，我们必须更加努力地坚持下去。

当未引入OKR工作法的部门数量所剩无几时，面对客观现实，那些原本不想主动引入OKR工作法的部门，也会基于“害怕被淘汰”的想法而积极主动地要求引入的。

当达到这样的状态时，“展开”这个步骤就算是完成了。

“展开”环节 OKR 推进团队的形态

容易成功的形态

仅靠一个 OKR 推进团队，在更多的部门里引入 OKR

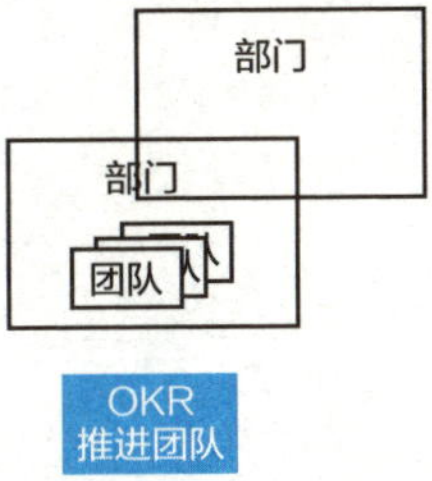

容易失败的形态

每个部门都组建自己的 OKR 推进团队，然后再设置一个统筹推进 OKR 的团队

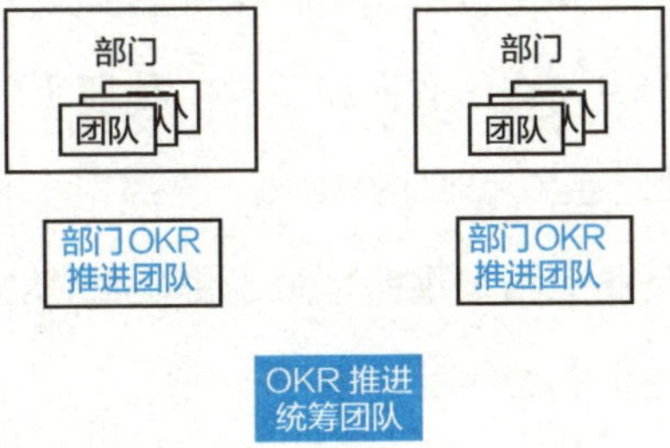

04 “Step 3：固化”的实施

将OKR工作法制度化

所谓的“制度化”，就是指像“出差回来后要进行差旅费的核算”一样，将OKR工作法的内容上升到公司制度的层面，使OKR工作法的存在变成一种理所应当的规则。每年1次，设定企业层面的OKR。各部门要做到每隔3个月，就基于企业OKR来重新审视本部门的OKR，并且，要将此安排写进企业的年度计划中。

将正确理解OKR，学习设定和运用OKR的方法等研修内容，写进企业内部人才培训体系。这些研修内容，特别适合毕业未满3年或刚跳槽来的员工。同时，不要忘记在公司内部培养教授研修内容的讲师。因为他们特别了解本公司的实际情况，所以他们来做讲师能够举出与本公司相适应的案例，让研修的内容更加丰富。

也可以将研修外包给社会上的专业的第三方培训机构。日本企业的一个特点，就是公司内部的讲师往往不受学员的待见，培训时也没有人愿意认真听讲。如果这种情况表现得十分明显，最好还是讨论一下是否要从外部另请讲师吧。

解散OKR工作法推进团队

完成制度化以后，OKR工作法推进团队的使命就算是完全结束了。接下来，就要解散OKR工作法推进团队，并给每个成员安排新的岗位。

曾主持过企业层面OKR设定会议的人，或者执导过各个团队进行OKR设定的人，非常适合被安排到经营企划部工作。考虑到后期OKR相关研修工作的开展，可以安排几名成员到人才培训部门工作。如果每次学员人数较少，并且一年仅进行几次研修活动，那么，可以不让其作为专职讲师，为其再分配其他的业务。

经历过上述活动的磨炼，这些成员都已经成长了起来，在其他的业务上也一样能做出成绩。所以，他们的到来一定会受到相关部门的热烈欢迎。

05 阶层型组织中的OKR工作法

当各个团队都能熟练地将OKR工作法运用到具体的工作中之后，接下来要做的，就是通过团队之间的协作，产生出加倍的效果。

这里以制造商为例。

“销售团队”的员工从顾客那里获取订单，然后由“制造团队”基于该订单来生产产品。但是，制造过程中又会用到本公司自身并不生产的零部件。所以，就需要由“调配团队”向公司外部的供货商下订单，然后等待收货。最后，生产出来的产品则需要由“运输团队”运送到顾客手中。

实际上，每个团队都可以基于自身的使命，设定“颇具野心”的OKR。比如，下面这样的内容：

· 销售：为了增加每个订单的利润，我们要在做方案的时候，就多采用高利润率的产品。

· 制造：为了降低生产成本，可以等到积累了一定数量的订单以后，再统一开动机器制造。

· 调配：为了降低零部件的价格，可以向供货商大量订购以便压低单价。

· 运输：为了尽快将生产出来的成品送到顾客手中，要增加运输的车辆和司机数量。

各个团队的 OKR 都五花八门……

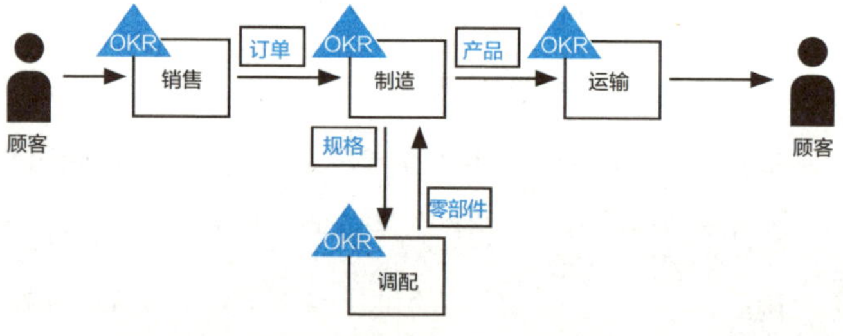

每个团队都独立设定 OKR 的话，
努力的方向就无法统一，很有可能会出现“白费功夫”的情况

虽然，每个团队都在很努力地工作，但是大家的步调并不一致，从整体的流程上来看，出现了很多“白费工

夫”的情况。像这样的“无用功”慢慢积累以后，就会给企业的经营带来问题。

我们必须制定好方针，以明确该往哪个方向努力前进。

在这种情况下，应该由这4个团队所属的上级组织来设定顶层的OKR，然后为了将其完成，再由各个团队决定自己的OKR。

如下图所示，顶层设定的“关键成果”就分别对应着各个团队的“目标”。这样的方式，才是最简单易懂的。

有了顶层 OKR，
各个团队基于“关键成果”来设定自己的 OKR……

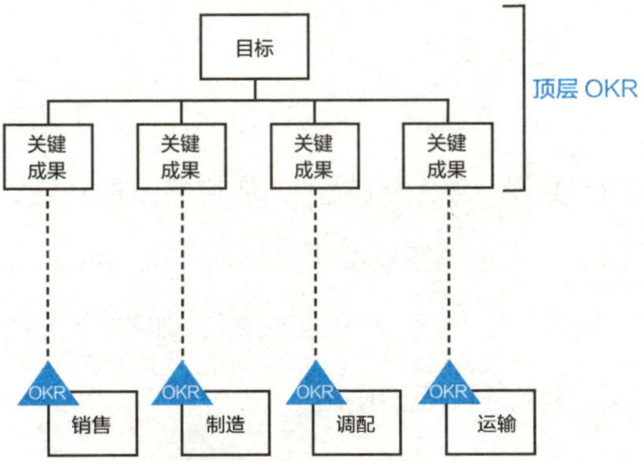

白费功夫的情况也许会有所减少，
但是由于各个团队设定的 OKR 都相互独立，
团队间协作的效果大打折扣

不过，像这样以阶层结构设定OKR的做法，也会导致各团队之间的疏远。所以，如果OKR工作法的运用影响到了团队间的协作效果，那么就不能说它是一个好方法。我们一直都在强调，在组织中运用OKR工作法时，最好是将所有团队设定的OKR进行共享。但是，如果对其他的团队毫不关心，即便彼此间进行了共享，带来的效果也仍会大打折扣。

要想保证团队协作的效果，最好将顶层的“关键成果”设定为须由多个团队通力合作才能取得的类型。

如此一来，团队在设定OKR时，就必须同其他团队进行交流，中间难免会有冲突，但与此同时，也增进了相互之间的理解。

另外，在实际运用的过程中，若每个团队都能顺利取得所对应的“关键成果”，那自然是最好。若有一方遭遇了困难，其他团队就会提供协助，从而催生出新的想法。

请注意，当组织中的职级较多时，各职级之间也应以类似的思路来设定OKR。

有了顶层 OKR，
多个团队以达成某个“关键成果”为目标……

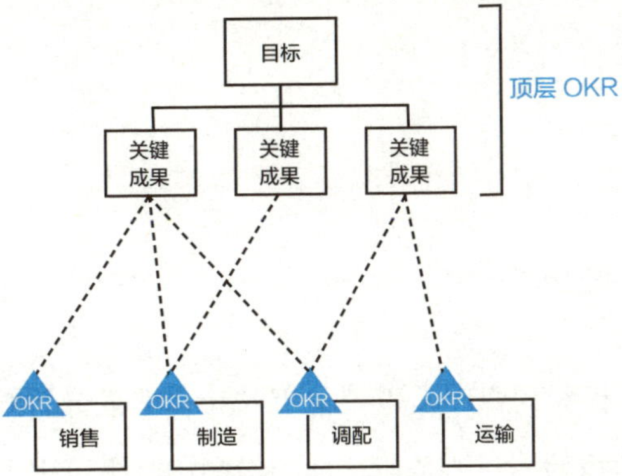

顶层“关键成果”设定，须由多个团队通力协作才能完成的形式，因此，团队之间必须相互交流合作

06 矩阵型组织中的OKR

前文所提到的组织是以“上级”和“下级”的概念来构成组织架构的。只要依照顶层OKR的内容来设定本部门的OKR就行了，这样的做法相对比较好理解。

但是，在相对扁平的矩阵型组织中，整个组织的架构却是以“职能轴与产品轴”这样的多个关系轴来构成的。所以，顶层的“目标”也会有很多个。如果偏重于OKR的“协同”原则，就会导致我们偏离“聚焦”原则。

这种情况下，为了保证“聚焦”原则，一种做法就是由高层管理者直接给出“以职能轴优先”或“以产品轴优先”这样的方针。例如，针对公司的每款具体的产品，建立一个10人左右的团队，这样大家更能聚焦于产品的OKR来开展工作。当成员人数过多需要拆分团队时，也同样推荐采用这种“聚焦于产品”的方式。把多个职能部门的成员集中到一起，能增加团队的多样性，更容易产生出新的创意。

矩阵型组织的示例

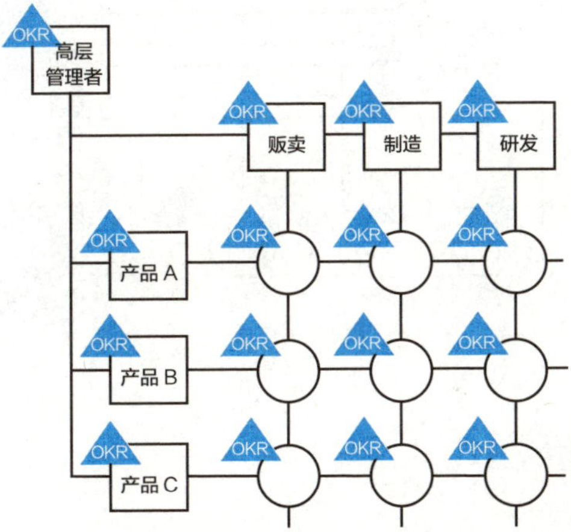

若按不同的职能来组建团队，那么，每个团队的同质化倾向就会增加，团队的派性自然也会增强。如果能维持现状，倒也没有其他问题，就是会大大降低创造性。

矩阵型组织中的团队构成

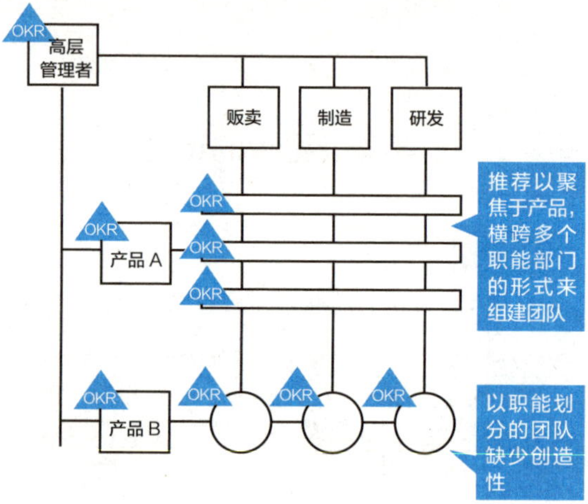

使用适当的工具

OKR工作法只是一个工具，如何使用完全取决于使用者自己。即便是为了达到同一个“目的”，也会有不同的工具供你使用。将OKR工作法与其他的工具组合起来，就能得到更棒的工具。除此之外，对于不适合通过OKR工作法来解决的问题，如果强行使用它，会让情况变得更糟糕。

大家可以想象，有一个木板上扎满了钉子，如果你手头只有一把锤子，那就只能把钉子都砸进木板里去。可是这样一来，钉子又有可能从木板的背面穿出来，变成更大的问题。但如果你有钳子，就能把钉子都拔出来。甚至，若你手头有专门用来拔钉子的“起钉器”，那么就能用更少的力气来解决问题。

在辅助大家完成“真正想去做的事情”的工具箱中，有帮助你设定目标的“狭义”的OKR工作法，还有帮助你进行反思的KPTA反思法，并且它们随时随地可供你取用，真是太幸福了。

后 记

不要纸上谈兵，去做了以后，你才会懂

OKR工作法的确具有给组织带来巨变的效果。这是被很多世界级的企业和目前依旧能维持行业龙头地位的企业证明了的事。

我在初次接触了OKR的知识以后，就迫切地期望能将这一“特效药”引入团队或组织，那将是多么幸福的事啊！但是，在实际尝试去引入的时候，却并不如想象般顺利。明明都是按照介绍OKR工作法的书籍中所写的那样去操作的，却没有取得成果。是因为投入的时间不够吗？于是，我静静地在一旁等待，结果还是毫无改变。我之前一直相信OKR是万能的工具。但是，在引入团队中以

后，它却像一把生了锈的镰刀，让那个时候的我感觉它毫无用处。我自己的这段失败经历，恰恰体现了“想”与“做”之间的差异。

这个世界上的确有人能成功地运用OKR给周围的人带来幸福。但是，也同样有人找不到团队的目标，失去了对团队的控制，最终一事无成。二者的区别到底在哪儿呢？答案就是，仅仅在读过几本书以后，便对“我能做到”这件事产生了过度的自信。对自己所学到的知识有误解。无法应对实际情况的变化。不能做出创新，没有将书上的知识转变为自己的东西……

本书中介绍了运用OKR工作法和KPTA反思法来达到组织的“目标”的流程。但是，就像我曾经历过的那样，本书中的方法也并非适用于任何组织。你必须多下功夫，去不断地反思和改善这些方法。要时刻在头脑中意识到“想”与“做”的差别。只有你坚持做出改进，才能发现规律，从而取得成果。

福井县有一处禅修的名所——曹洞宗大本山永平寺。这所寺院里刻着开宗鼻祖道元禅师的教诲：“禅意需经修行方可现之。”

“知道”和“懂得”是完全不同的两件事。仅仅是“知道”，但不去实际操作的话，依然算不上“懂得”。就好比，只靠看医书，是不可能治好病的。同样，只有通过实际的修行，才能真正参透禅意。

所以，希望大家务必在看完本书后，都能去亲身实践一下，从而真正“懂得”OKR工作法。

OKR Japan董事长 北野弘治

致谢

本书能够成稿，得益于多方给予的帮助。

我要对引导我入门OKR工作法的北野弘治董事长（OKR Japan）表示由衷的感谢。我还要感谢为本书的读者提供Zealup软件试用码的Zabuton股份公司的矢纳正浩先生。

此外，我还要感谢当初把我招进永和系统管理股份公司的平锅健儿社长，以及我的同事家永英治、斋藤崇，他们和我一起研究具体的实践方法，一起举办多项活动。还有串田幸江、前川直也，我总是找他们一起讨论KPTA反思法的实际运用。

感谢给予我各种意见的朋友，是你们让本书的内容变得更好。特别是A-Lab股份公司的西原隆，他基于TOC的观点给予了我很多的指导，并纠正了我的一些错误。悬田刚教会了我思考“Why”的重要性。

最后，要特别感谢Kanki出版股份公司的镰田菜央美女士，她对我的写作拖延症表现出了极大的耐心，并且帮我制作出了如此优秀的一本书。由衷地感谢你。

天野胜